Cuando Dios Dice No

Betania es un sello de *Editorial Caribe*,
una división de *Thomas Nelson, Inc.*

© **1997 EDITORIAL CARIBE**
P.O. Box 141000
Nashville, TN 37214-1000, EE.UU
E-mail: caribe@editorialcaribe.com

Título del original en inglés:
When God Says No
© 1996 por *Leith Anderson*
Publicado por *Bethany House Publishers*

ISBN: 0-88113-461-9

Traductor: *Javier Quiñones-Ortiz*

Impreso en EE.UU.
Printed in U.S.A.

Cuando Dios Dice No

Dice No

LEITH ANDERSON

BETANIA

Un Sello de Editorial Caribe

LEITH ANDERSON es pastor principal de la Iglesia Wooddale
en Eden Prairie, Minnesota. Tiene varios títulos de la Universidad Bradley, el Seminario Denver, y el Seminario Teológico
Fuller. Ha escrito cinco libros y viaja por muchos lugares
hablándole al liderazgo de las iglesias. La familia Anderson
reside en Eden Prairie, Minnesota.

Contenido

UNO

La respuesta que no queremos escuchar

Me encanta cuando Dios contesta la oración.

Elías se paró sobre el monte Carmelo y oró a Dios para ganar la batalla contra Baal y sus arrogantes sacerdotes. El profeta pidió que bajara fuego del cielo y quemara la madera mojada. El fuego cayó y hasta el agua se consumió.

En 1990, un *musulmán convertido* al cristianismo recibió una llamada telefónica porque su vecindario estaba en llamas y su casa pronto ardería. Se apuró a salir de su oficina gubernamental solo para ver las llamas acercándose. Solo había tiempo para salvar sus pertenencias más preciadas, así que entró corriendo a su casa y salvó un colchón. Parado afuera, rodeado por los vecinos musulmanes que lo habían seguido, levantó sus manos y oró en voz alta en el nombre de Jesucristo, pidiéndole a Dios que interviniera y salvara su casa. Cuando terminó con «en el nombre de Jesús, amén», retumbó un trueno, la lluvia cayó y se extinguieron las llamas.

Los vecinos se impresionaron.

En 1963, un estudiante universitario visitaba a sus amistades en Wisconsin antes del comienzo del período veraniego en la Universidad de Minnesota. Presintió que algo andaba mal, pero no sabía qué era ni qué hacer. Oró y le pidió a Dios sabiduría y dirección. Sintió que la respuesta de Dios le indicaba que abandonara sus planes escolares y manejara de inmediato a la casa de sus padres en Nueva Jersey. Condujo casi mil seiscientos kilómetros solo, y llegó casi sin poder explicar su comportamiento. Al día siguiente se enfermó seriamente con varicela. De haberse ido a Minnesota no solo habría perdido el semestre sino que hubiera enfrentado la enfermedad sin familia y sin ningún lugar a donde ir. El período de incubación de la enfermedad comenzó cuando oró y recibió la respuesta de Dios.

En un otoño muy lluvioso en Colorado los campos estaban demasiado fangosos para que los agricultores cosecharan remolachas. La fecha tardía arriesgaba la pérdida total de la cosecha. Se pronosticaba más lluvia. Un joven pastor visitó los sembradíos de sus parroquianos y oró a Dios para que interviniera y secara la tierra. Esa noche el meteorólogo de Denver anunció un cambio sorprendente en la tormenta que afectaba el área. En lugar de lluvia habría vientos secos. Los campos se secaron rápidamente y la cosecha se completó a tiempo.

En 1993, una joven madre de Minnesota, en la tercera etapa de cáncer en los ovarios, oró por sanidad. Trataba su avanzada enfermedad con quimioterapia. Dios dijo *sí* llevando su peligrosa enfermedad a remisión.

Creo el relato de Elías porque sé que la Biblia es verdadera. Escuché el del musulmán directamente en su tierra natal. Yo era el estudiante universitario. Y el pastor en Colorado. La madre de treinta y tres años es miembro de la iglesia a la que sirvo por veinte años en Minnesota. La lista de respuestas a la oración es extensa, no solo en base a la Biblia y mis experiencias, sino de millones de otros alrededor del mundo y a través de los siglos.

Me encanta cada vez que Dios responde a la oración.

Pero por cada relato de una oración *contestada* hay mil de oraciones sin *respuestas recibidas*, muchas de ellas peticiones de santos arrodillados que le ruegan a Dios. Dios no necesita defensa. Pero los cristianos necesitan una explicación.

¿Por qué Dios dice «*No*» tan a menudo?

El rabino Harold Kushner escribió *When Bad Things Happen to Good People* [Cuando a las personas buenas les ocurren cosas malas],[1] después de la trágica muerte de su joven hijo debido a una espantosa enfermedad llamada «progeria», que hace que el niño envejezca rápidamente, tanto que cuando cursaba la escuela primaria estaba encogido como un pequeño anciano. Siendo aún niño murió de vejez.

Kushner no fue el único en preguntarse por qué un buen Dios permitió que sucediera algo tan malo. Explicó que una de tres cosas tenía que ser cierta en cuanto a Dios: o no es bueno, o no es lo suficientemente fuerte como para detener las cosas malas, o no debe estar dispuesto a usar su poder para remediar nuestro dolor. Mientras haya dolor y sufrimiento en nuestro mundo, argumenta Kushner, nadie puede decir que Dios es completamente bueno, fuerte y dispuesto. Kushner concluyó que Dios es bueno y que está dispuesto, pero que no es lo suficientemente fuerte como para detener toda la maldad que enfrentamos los humanos.

Los cristianos que luchan con las afirmaciones de la Escritura no se resignan tan fácilmente a concebir un Dios inferior. Basados en la Biblia estamos convencidos de que Dios es totalmente bueno, que puede realizar absolutamente cualquier cosa y que solo desea lo mejor para nosotros, estos son los fundamentos de nuestras oraciones y nuestra fe. Nuestras peticiones a Dios se basan en presuposiciones relacionadas con su carácter, poder e intención. Desafortunadamente, las oraciones sin respuesta parecen contradecir esas creencias básicas. La oración es una

---

1   Harold S. Kushner, *When Bad Things Happen to Good People* [Cuando a las personas buenas les ocurren cosas malas], Shocker, Nueva York, 1981.

prueba sencilla de lo que Dios es. Y Dios falla la prueba diez mil veces al día.

En defensa de Dios, los cristianos explican que siempre responde pero que sus réplicas pueden caer en tres categorías: (1) «Sí», (2) «No» o (3) «Luego». El «Sí» se nos dificulta poco. ¡Es una respuesta que deleita! Rápida y correctamente les contamos a la mayor cantidad posible de personas que experimentamos «una verdadera respuesta a la oración», aunque algunas veces nuestras celebraciones parece que nos asignan más crédito por nuestro orar que lo que le damos a Dios por responder. Nuestros problemas son con el «No» y el «Luego». Algunos cristianos profesantes abandonan su fe porque Dios no les respondió como querían o como lo esperaban.

Los que se desilusionan mucho con Dios usualmente no son personas malvadas. Son madres y padres que creyeron con sinceridad que Dios sanaría a sus hijos de enfermedades mortales. Son los misioneros que oran por el éxito de las personas a quienes Dios los llamó a evangelizar. Son los niños que se arrodillan al lado de sus camas de noche y le piden a Dios que le dé a papito un trabajo nuevo o que deje de maltratar a mamita. Son los oficiales de policía que oran por protección, los estudiantes que piden ayuda en sus pruebas, los obreros que ruegan por comida para alimentar a sus familias que padecen inanición y líderes gubernamentales que buscan dirección divina en las votaciones legislativas controversiales. Son personas buenas y bien intencionadas, y es difícil clasificar sus oraciones como otra cosa que buenas y razonables. No vemos razones claras para que Dios las negara.

No es fácil seguir creyendo en un Dios que rehúsa sanar a un niño enfermo ni que rechaza mil oraciones sinceras.

Kim pesaba menos de dos kilogramos cuando nació en Corea y fue abandonada por su madre. Una vez que su familia estadounidense la adoptó se le diagnosticó sífilis, hepatitis, infecciones del oído y pulmonía. A los nueve meses no podía gatear, agarrar un juguete ni mostrar emoción alguna. Al principio medró en el amor de su nueva familia. Pero cuando comenzó en la guardería infantil los maestros y la familia sabían que algo más andaba mal. Kim sufría Trastorno de Atención Deficitaria, problemas de aprendizaje, asma y el síndrome de Tourette.

Su tía oró y oró por un milagro que le permitiera ser una niña normal, o al menos estar libre de los grandes problemas sociales y personales del síndrome de Tourette, un trastorno neurológico que causa incoordinación, alteración del habla y convulsiones. Con plena sinceridad ofreció su vida a Dios para librar a su sobrina del dolor emocional y la agonía que seguramente soportaría. «Dios parece evadir mis fervientes peticiones», afirma. «Dejar que un niño inocente sufra la mayoría de su vida prueba mucho mi fe. ¿A quién ha herido? ¿Qué ha hecho para merecer esto? Oro que no la use para enseñarles a otros una lección. Ella no mejora. Continúo orando. Pero, ¿por cuánto tiempo? Estoy perdiendo la esperanza. ¿Acaso nos la envió Dios para que pudiera tener las oportunidades que jamás tendría en Corea? ¿Eso es lo mejor que puedo esperar? Me rompe el corazón verla luchar, sabiendo que el diagnóstico es más sufrimiento, suplicio y dolor emocional. Estoy luchando para sostener mi fe, sabiendo que a Dios no parece importarle. No puedo hacerle un milagro, pero Dios sí puede. Es muy inocente y no se merece esto. ¿Por qué Dios no la libra si tiene el poder para hacerlo? Antes respondía a mis oraciones. Si me contestara las oraciones por mi sobrina, le devolvería todas las demás, excepto quizás una. Sería muy fácil para Él».

Reconozco que tengo mis dudas y mis luchas con las oraciones no contestadas, no al punto de unirme a las filas de los que abandonan a Dios, pero sí al de expresarle a Dios cuán profundamente me frustra. Casi todos los días, por más de veinte años, oro la misma petición: que Dios realice su gran bien en la vida de una persona amada en particular. Oro en tantas combinaciones como pudieran facilitarlo mi imaginación y mi vocabulario. Le cito la Biblia a Dios, esperando que el uso de sus propias

palabras resulte mejor que mis invenciones. Le pido que sea
franco conmigo, que me diga que cese de pedir porque la rutina
de la oración es inútil. Le he explicado hasta los beneficios
obvios de hacer lo que pido, casi haciendo callar al Todopoderoso, como si la cosa pudiera mejorar al expresarlo en palabras
que pueda entender. Hasta ahora la respuesta es *no*.

Saber que no estoy solo me da cierto consuelo. Realmente,
la compañía de los negados es bastante impresionante.

No a un sufriente llamado Job

Pocas cosas motivan la oración como el dolor personal.
Hasta el incrédulo clama por el alivio de Dios si la vida duele
bastante. Ciertamente, no hay nada raro ni inapropiado con que
una persona buena pida la ayuda de Dios.

Job fue uno de los mejores hombres. Merece ser recordado
en la Biblia por su consagración, carácter, éxito y fama. Es
irónico que en vez de eso se le recuerde más por su dolor.

Su suplicio comenzó con tragedias simultáneas que le arre-
bataron la vida a sus diez hijos el mismo día. Sufrió un profundo
vacío ante las tumbas de los hijos que amaba, hijos por los que
oraba con frecuencia.

Como si eso fuera poco pronto pasó de la prosperidad a la
pobreza y de la salud a la enfermedad. Job jamás oró que sus
hijos resucitaran. Jamás pidió que reapareciera súbitamente la
salud perdida. Pero le pidió a Dios alivio del dolor crónico y de
la debilitante enfermedad.

Recuerdo las primeras dos ocasiones que vi hombres en
terrible dolor. El primero fue cuando era adolescente. Conducía
por una autopista cuando ocurrió un accidente en el lado opuesto a mi camino. Vi un auto fuera de control desviarse hacia una
estación de gasolina, derrumbando los surtidores y estrellándo-
se en la oficina de la estación. Era un revoltijo ardiente. Salí de
la autopista rápidamente y me estacioné. Escuché los angustio-
sos gritos del empleado de la gasolinera, atrapado contra la

pared de la estación por un carro a punto de estallar en llamas. Pedía una ayuda que no le podía brindar.

La segunda ocasión fue en Denver, al realizar mi primera visita a un hospital como estudiante de ministerio. No conocía al hombre que iba a ver, un paciente desahuciado en la sala de cáncer, y me alegró ser solo un observador acompañando a un pastor más experimentado. El hombre en la cama le rogaba a una enfermera que lo inyectara para aliviar su dolor. Ella le dijo que las órdenes del médico no permitían otra dosis hasta dos horas después. Sabiendo que no había nada que pudiera decir para ayudar a este hombre en agonía, me marché del cuarto y vagué a solas por el pasillo, temblando y con náuseas.

Es horrible ver un dolor incontrolable, y peor aun es sufrirlo. Tanto en el hospital como en la gasolinera me sentí impotente. Pero indudablemente sé que de haber podido habría ayudado. Si hubiera podido, habría levantado el auto y llevado al empleado a un lugar seguro. De haber sido médico con la libertad de administrar morfina, inmediatamente le habría puesto una inyección, sin titubeo alguno. Todavía me cuestiono la lógica insensible de no brindar alivio a un miserable hombre moribundo.

Dios siempre puede ayudar. Aquel que tiene el poder de mover montañas ciertamente es capaz de deslizar un auto accidentado unos cuantos metros. El que creó la anatomía humana podría convencer a un médico o a una enfermera para que le diera unos pocos miligramos de morfina. El que amó a Job y lo consideró como el mejor ejemplo de fidelidad en la tierra ciertamente podía responder a la oración de ese atormentado hombre. Job dijo: «Clamo a ti, y no me oyes; me presento, y no me atiendes» (Job 30.20). El hombre cuyo nombre se convirtió en sinónimo de la paciencia pronunció palabras que tocaron mi corazón miles de años después:

> Cuando esperaba yo el bien, entonces vino el mal;
> Y cuando esperaba luz, vino la oscuridad.
> Mis entrañas se agitan, y no reposan;

Días de aflicción me han sobrecogido.
Ando ennegrecido, y no por el sol;
Me he levantado en la congregación, y clamado.
He venido a ser hermano de chacales,
Y compañero de avestruces.
Mi piel se ha ennegrecido y se me cae,
Y mis huesos arden de calor.
Se ha cambiado mi arpa en luto,
Y mi flauta en voz de lamentadores.

Job 30.26-31

Si Job me hubiera pedido ayuda, lo habría ayudado como hubiera podido. Pero se la pidió a Dios. Dios pudo haberlo ayudado en un sinnúmero de maneras. Pero Dios dijo *no*.

Desde ese entonces el relato de Job es releído por millones de sufrientes. Lo sorprendente es que tantos encontraran consuelo en una biografía que repite el silencio constante de Dios ante el dolor. Quizás los que sufren conocen algo sobrenaturalmente que no tiene sentido para nosotros. Pareciera que si Dios no hace lo que le pide un hombre merecedor como Job, no hay mucha esperanza de que nos ayude a nosotros, los menos sufrientes.

No a un padre llamado David

Considerando que la Biblia describe a David como «varón conforme a mi corazón» (Hechos 13.22), usted esperaría que sus oraciones recibieran tratamiento preferencial. Después de todo, fue antepasado de Jesús, el rey elegido por el Dios de Israel y el autor de la mayoría de los salmos.

Uno de los momentos más oscuros de David se debió a la enfermedad de su hijo recién nacido. El hijo de David fue concebido en pasión ardiente y pecaminosa con la esposa de su vecino. Pero esa no debió ser razón para que Dios dejara que el bebé muriera; el niño, después de todo, no eligió a sus padres ni las circunstancias de su concepción. Sin embargo, el profeta

Natán, luego de confrontrar el adulterio de David y de escuchar su arrepentimiento, le dijo: «También Jehová ha remitido tu pecado; no morirás. Mas por cuanto con este asunto hiciste blasfemar a los enemigos de Jehová, el hijo que te ha nacido ciertamente morirá» (2 Samuel 12.13,14). Fue poco después de esa profecía que el bebé se enfermó mortalmente.

El hecho de que el padre del niño fuera el rey no cambió las cosas. Hasta los bebés de la realeza mueren. Pero David era un hombre de Dios, un veterano de la fe, una persona experimentada en la oración. Sabía qué hacer. Lo hizo con celo, orando y ayunando durante siete días, rogándole a Dios que salvara la vida de su hijo. Las oraciones del rey fueron tan intensas que no quiso irse a la cama durante la noche. Simplemente yacía sobre el suelo y oraba y oraba. Sus siervos temían que muriera aun si su hijo viviera.

Las palabras exactas de las oraciones de David no se escribieron, pero no es difícil imaginárselas. Debieron ser como las oraciones de otros padres desesperados rogando por la vida de un hijo amado. David razonó con Dios para que el castigo cayera sobre él y no sobre su hijo. Indudablemente ofreció su vida a cambio de la de su hijo. Le preguntó a Dios qué era lo que quería. Qué gran hazaña debía realizar por Él. Repitió las mismas oraciones una vez tras otra, preguntándose si la manera de decirlas, la inflexión de su voz o la intensidad causarían algún efecto. Los que lo observaban pensaron que se mataría si el bebé moría.

Como padre de cuatro hijos, he orado así. Una vez fue en el hospital cuando nuestro hijo menor dejó de respirar y el personal comunicó la emergencia y corrió para salvarle la vida. Mi corazón palpitaba aceleradamente. Mis oraciones atemorizaban. *Implorando.* Perdí la cuenta de las ocasiones en que Charleen y yo nos turnamos vagando por el piso con un bebé ardiendo en fiebre, preguntándonos por qué el médico se demoraba tanto en contestar la llamada. Ambos orábamos mientras caminábamos, preocupándonos por el daño cerebral que podría causar la fiebre. Tarde, en otras noches, oré por adolescentes que aún no llegaban a casa, temiendo lo peor y orando por lo mejor.

No conozco las palabras exactas de David a Dios, pero tengo idea de cómo se sintió. Expresó los sentimientos de la mayoría de los padres, las oraciones de cada padre cuyo profundo amor los impulsa a orar intensamente.

La terrible situación del Rey David distaba de ser única. En una encuesta de aquellos que sintieron que Dios no respondió a sus oraciones la respuesta principal vino de padres que agonizaron con sus niños. Sus relatos son los más apasionados y dolorosos, enfocándose casi siempre en las enfermedades y las muertes de jóvenes o la mala conducta de muchachos mayores.

Después que David y Anne Hann sufrieran dos abortos en 1991, oraron fervientemente por un embarazo normal y un bebé saludable. A medida que pasó el tiempo y Anne no quedaba embarazada comenzaron a creer que la respuesta de Dios era *no*. Empero, la decepción se convirtió en deleite cuando Anne quedó encinta en 1993 y tuvieron un hijo el 27 de enero de 1994. Matthew Charles Hann parecía perfecto. Los Hanns se marcharon a su casa con agradecimiento en sus corazones. Pero el color de Matthew se volvió azulado a los diez días de nacido. Los Hanns lo llevaron al médico a las dos de la tarde y a un hospital de niños a las cinco. Se le diagnosticó un defecto cardíaco que los médicos nunca antes vieron. La decisión en cuanto al tratamiento médico adecuado fue difícil, pero la cirugía a corazón abierto parecía la mejor alternativa.

Anne y David oraron por su hijo para que sanara. Dios dijo *no*. Matthew murió durante la cirugía el 15 de febrero de 1994, con solo diecinueve días de nacido. Sus padres tienen mucha dificultad en entender por qué murió. Se lamentan. Sienten la sanidad divina en sus vidas, creyendo que la de Matthew tuvo un propósito y que se cumplió en su breve transcurso. Pero reconocen que no pueden comprenderlo todavía. Viven sabiendo que probablemente lucharán para encontrarle razón a la tragedia de su familia hasta que vuelvan a reunirse con Matthew en el cielo. «Dios es bueno», dice Anne, «y como familia hemos crecido tremendamente en la fe».

El pequeño hijo de David, el hombre conforme al corazón de Dios, también murió. Dios dijo *no*.

Como pastor he estado cerca cuando los padres escuchan a Dios decir *no*. El silencio del cielo puede ser ensordecedor. La muerte de un niño es más espantosa de lo que jamás pudiera describirse, una combinación incomprensible de pérdida de vida, sueños incumplidos y descorazonamiento doloroso, envuelto en un profundo sentimiento de que se rompe el orden esencial de las generaciones (se supone que los niños entierren a los padres, no al revés). He llorado con padres que lucharon, no por encontrar explicaciones de la muerte de un niño, sino por la explicación de sus incapacidades y disfunciones. Se culpan a sí mismos si la imperfección es genética, como si pudieran controlar el comportamiento inesperado de sus genes. Se autoincriminan de que «se hubiera podido hacer algo más», preguntándose mil veces qué habría pasado.

Los padres se culpan a sí mismos cuando el producto de sus mejores sueños en el mejor de los hogares termina en un tribunal juvenil, un hijo pródigo. Se autoincriminan por las malas elecciones de los hijos adultos, como si la influencia de los padres tuviera la responsabilidad de todo lo que su progenie haga. Les recuerdo gentilmente que aun el padre perfecto tuvo niños que pecaron y murieron. Ni siquiera al mejor de los padres se le garantizan resultados perfectos. Algunas veces parece que las palabras los consuelan. Muchas otras las pasan por alto como jerga teológica impotente contra los dolores más duros de la vida.

Finalmente están los que oran preguntando por qué Dios no mantuvo la tragedia a raya: ¿Por qué Dios no detuvo ese horror? ¿Por qué no salvó mi hijo? ¿Qué clase de Dios permite que un niño inocente sufra tal deformidad o que se debata en tanto dolor? ¿Dónde estaba Dios cuando nuestros niños decidían entre el bien y el mal? ¿Acaso no pudo encaminarlo en la otra dirección? Aunque es cierto que oraron con sinceridad: «Dios, sé que esto depende de ti; sé que lo que cuenta es tu voluntad, no la mía; confío en ti para que decidas», realmente nunca esperaron la respuesta que Dios les dio.

Cuando oramos como David por nuestros niños, jamás queremos escuchar a Dios decir que *no*.

No a un santo llamado Pablo

Pablo comenzó como escéptico, y peor aun, como perseguidor del cristianismo. Fue un hombre difícil de convertir. Pero cuando al fin creyó, su celo se convirtió junto con su alma. Zarpó y viajó, y evangelizó desde Jerusalén hasta Roma. Las iglesias que comenzó se convirtieron en la espina dorsal del cristianismo del primer siglo. Escribió trece de los veintisiete libros del Nuevo Testamento y gran parte del libro de Hechos es acerca de él, aunque fue escrito por Lucas. Aparte de Jesús, Pablo es el personaje más prominente en el Nuevo Testamento. Y, además de Jesús, Pablo nos habla más acerca de la oración que cualquiera otro. Las oraciones sazonan sus escritos.

Cuando escuchamos indiscretamente las conversaciones de Pablo con Dios no podemos evitar concluir que realmente sabía cómo orar:

Por esta causa doblo mis rodillas ante el Padre de nuestro Señor Jesucristo, de quien toma nombre toda familia en los cielos y en la tierra, para que os dé, conforme a las riquezas de su gloria, el ser fortalecidos con poder en el hombre interior por su Espíritu; para que habite Cristo por la fe en vuestros corazones, a fin de que, arraigados y cimentados en amor, seáis plenamente capaces de comprender con todos los santos cuál sea la anchura, la longitud, la profundidad y la altura, y de conocer el amor de Cristo, que excede a todo conocimiento, para que seáis llenos de toda la plenitud de Dios. Y a Aquel que es poderoso para hacer todas las cosas mucho más abundantemente de lo que pedimos o entendemos, según el poder que actúa en nosotros, a Él sea gloria en la iglesia en Cristo Jesús por todas las edades, por los siglos de los siglos. Amén.

Efesios 3.14-21

Las oraciones de Pablo no solo eran elocuentes, también eran efectivas. Al menos una respuesta parcial a esta oración de Pablo se ofrece en el informe de las notas acerca de los Efesios: «Yo conozco tus obras, y tu arduo trabajo y paciencia; y que no puedes soportar a los malos, y has probado a los que se dicen ser apóstoles, y no lo son, y los has hallado mentirosos; y has sufrido, y has tenido paciencia, y has trabajado arduamente por amor de mi nombre, y no has desmayado» (Apocalipsis 2.2-3).

Es indudable: Pablo estaba bien conectado con Dios y con su poder. Informa que es capaz de realizar «señales, prodigios y milagros» (2 Corintios 12.12). Dependiendo de cómo entendamos 2 Corintios 12.1-4, Pablo pudo haber muerto e ido al cielo y volver a la vida. O al menos visitó el cielo como breve anticipo y vivió para contarlo.

Uno creería que alguien tan cercano a Dios, tan experimentado en la oración y tan efectivo en el poder sobrenatural obtendría un *sí* de Dios al pedir un pequeño favor personal. ¡No necesariamente! En ese mismo capítulo de 2 Corintios, Pablo reporta un definitivo *no*:

Y para que la grandeza de las revelaciones no me exaltase desmedidamente, me fue dado un aguijón en mi carne, un mensajero de Satanás que me abofetee, para que no me enaltezca sobremanera; respecto a lo cual tres veces he rogado al Señor, que lo quite de mí. Y me ha dicho: Bástate mi gracia; porque mi poder se perfecciona en la debilidad. Por tanto, de buena gana me gloriaré más bien en mis debilidades, para que repose sobre mí el poder de Cristo.

2 Corintios 12.7-9

Durante veinte siglos Pablo ha tenido a los lectores bíblicos tratando de adivinar qué le molestaba. Algunos dicen que era malaria, una enfermedad que viene y se va; esto explicaría por qué oró por sanidad en tres ocasiones distintas. Otros piensan que sufría de una pobre visión y quería que Dios le diera una vista normal; esto encaja bien con los comentarios de su «enfermedad» y la disposición de sus amistades a sacarse sus «propios ojos para dármelos» (Gálatas 4.13-15), además de su cita personal al final de Gálatas: «Mirad con cuán grandes letras os escribo de mi propia mano» (6.11).

Sea cual fuere la dolencia de Pablo, oró apasionadamente por su sanidad:

«aguijón en mi carne» parece doloroso

«mensajero de Satanás», parece malvado

«que me abofetee», parece crónico

«tres veces», parece frecuente

«he rogado al Señor», parece desesperado

Dios le dijo tres veces *no*.

Si Pablo tenía poder de Dios para sanar a otros, ¿por qué no podía sanarse a sí mismo? Si Dios aprobaba la vida y la obra de Pablo, ¿por qué no lo ayudaba? Los misioneros llamados por Dios se preguntan lo mismo, después de aprender un idioma y ver a gobiernos extranjeros negarles sus visas pese a las repetidas oraciones. Los santos modernos enfrentan el mismo problema al orar con éxito por amistades y extraños para que sean sanados, pero no pueden hacer que Dios haga otra cosa sino *negarse* a sus ruegos personales de milagros relativamente pequeños. Pablo debió estar muy cerca de la vergüenza al sobrevivir a la mordida mortal de una serpiente y luego sanar a casi todas las personas enfermas en la isla de Malta con oraciones sencillas (Hechos 28.1-9), pero no podía hacer que Dios le sanara los ojos.

Dios no actúa de la manera que queremos. No siempre da la respuesta que deseamos. *No* es una palabra común en el vocabulario divino respecto a la oración, aun al responderle al más grande de los santos.

Oraciones dolorosas

Hay verdad en las oraciones sin respuesta de Job, David y Pablo, pero quizás no haya consuelo. Duele oír el *no*, especialmente cuando las oraciones que pronunciamos tratan los asuntos más profundos e importantes de nuestras vidas: dolor crónico, relaciones vitales, emociones poderosas, vida y muerte, destino eterno. Estas no son peticiones frívolas, caprichos egoístas. Cuando nuestras oraciones reflejan lo que creemos que Dios desea, no podemos entender cómo pudo negar sus propios deseos.

¿Cómo superar el dolor y llegar a creer que Dios tiene razón y es bueno cuando dice que *no* a nuestras oraciones más dolorosas? ¿Cómo creer aún? ¿Cómo entender? Y, lo más importante de todo, ¿cómo continuar cuando toda la esperanza se va y el *no* divino es definitivo?

Esto es algo más que preguntas académicas a discutirse en un aula. Son cuestiones del corazón. Las grandes preguntas de la vida y la fe. Las respuestas no son cortas, sencillas ni fáciles.

Sonia Miller es una estudiante universitaria que tenía dieciocho años de edad cuando a su abuela le diagnosticaron un cáncer en los pulmones, el hígado y la espina dorsal. Toda su familia se unió en oración por sanidad. Sonia dice que «fue difícil verla luchar para respirar y tan dolorida». Siguieron orando pero el dolor continuó. Aunque se esperaba que viviera al menos cinco meses, la abuela de Sonia murió a los dos meses. La respuesta de Dios fue *no*. «Dios no nos olvida», explica ahora Sonia. «Estuvo con nosotros en todo momento. Lo vimos moverse de diferentes maneras en nuestra familia. Aunque fue difícil, sabía que Dios estaba conmigo y que haría que las cosas resultaran para su gloria, lo cual hizo».

Hay respuestas que nos permiten continuar cuando desaparece toda esperanza, cuando el *no* de Dios es firme y definitivo. Las respuestas se encuentran en la Biblia, en las experiencias de otros, y especialmente en una relación personal con Dios. Algunas respuestas son obvias, otras jamás satisfacen perfectamente. Algunas son respuestas para el intelecto; la mayoría son respuestas para el corazón. Jesús nos invita a explorar estas respuestas: Él dijo: «Pedid, y se os dará; buscad, y hallaréis; llamad, y se os abrirá» (Mateo 7.7).

Pregúntele a Dios «¿por qué?»

Dios, jamás quiero escucharte decir que no. No pediría si realmente no quisiera un sí.

Si no vas a decir que sí, ¿podrías al menos decirme por qué dices no? Ayúdame a entender tus caminos y tu sabiduría. Muéstrame en términos humanos sencillos la complejidad de tus decisiones.

Por mi parte, comenzaré a confiar en que siempre tienes la razón aunque no pueda entenderlo. Trataré de no forzar las respuestas que deseas que permanezcan en secreto. Reconozco que no tengo derecho a exigir información que decides no ofrecer.

No es que debo recibir explicaciones específicas para cada oración que rehúsas, pero ayúdame a entenderte lo suficiente como para clasificar correctamente el orden de tus razones y a creer que siempre hay una explicación divina válida para cada no, a pesar de que posiblemente jamás se me aclare. Amén.

Dos

¿Puede la oración ser mala para nosotros?

Aurelius Agustinus nació en 354 d.C. en Tagaste, una ciudad al norte de África cerca de la moderna Qacentina (Constantina), Argelia. La oración más apasionada de su consagrada madre cristiana recibió como respuesta un doloroso *no*.

Agustín, como mejor lo conocemos, nació de un matrimonio religiosamente mixto. Su padre seguía la pagana religión romana, con sus ídolos y templos que complacían las pasiones humanas y los excesos sexuales. Como integrante del concejo municipal, su padre —miembro prominente de la comunidad—, le brindó educación en filosofía griega y romana, considerada en ese entonces el único sendero hacia la verdad, la felicidad y el éxito. El joven Agustín, bajo la gran influencia de su padre y su patrimonio, se convirtió en un brillante filósofo, orador y maestro. También llegó a ser sexualmente promiscuo, un buscador de placer constante, lo que llamaríamos hoy un educado donjuán.

Su madre era completamente opuesta a su padre. Mónica era una cristiana consagrada y devota. Su paz y su determinación atraían a su hijo, pero no lo suficiente para que la siguiera en su fe. Sus creencias y su comportamiento le destrozaron el corazón a su madre. Aunque oraba con frecuencia por la salvación de su hijo, sus oraciones nunca fueron más fervientes que cuando Agustín decidió dejar el norte de África para zarpar hacia Roma. Era la oportunidad de la vida para su hijo adulto. Roma ofrecía los mejores filósofos y los mayores placeres sensuales. Allí podría ampliar su pensamiento, ejercitar sus dones y satisfacer sus placeres. Aunque su madre le rogó que no se marchara, reservó pasaje y se alistó para marcharse.

Mónica no podía imaginarse nada peor que perder a su hijo en la maligna capital del imperio. Temía que jamás volvería a verlo. Peor aun, temió que se perdería eternamente. Le oró a Dios. Le rogó a Agustín.

No se rindió. En el puerto oró y lloró, anhelando que Dios interviniera y detuviera a su hijo. Sus apasionadas oraciones y sus lágrimas derramadas llegaron a ser legendarias. Siglos después los pioneros españoles pararon en la costa del sur de California y vieron los rayos del sol brillar en el Océano Pacífico. Decían que los destellos se parecían a las lágrimas de Mónica y en su memoria llamaron el lugar Santa Mónica.

Debe haber sido difícil comprender el *no* de Dios. Si alguna vez hubo una mujer que yo esperaba que Dios la escuchara, era Mónica. Si hubo una oración a la que Dios debió responder, fue que librara a un hijo pródigo de pecado grave. Derramando lágrimas y con el corazón quebrantado, vio zarpar al navío al norte con su amado y rebelde hijo a bordo. Debió sentirse tentada a pensar que Dios era cruel.

La verdad tras la aparente crueldad era que Dios amaba a Agustín demasiado como para concederle a su madre lo que pedía.

Los sueños de Agustín y las pesadillas de Mónica se hicieron realidad. Anduvo tras una serie de movimientos que no eran cristianos así como de antiguas filosofías. Se complació en el pecado. Tuvo un niño con una mujer con la que vivió pero nunca se casó. Agustín tuvo éxito profesional, se mudó a Milán y enseñó filosofía y retórica a los hijos de los adinerados y los poderosos.

Agustín se volvió contra Dios, pero Él no se volvió contra Agustín. Mientras enseñaba a sus estudiantes, Agustín llegó a la conclusión de que las filosofías que impartía eran falsas. Estaba atrapado en un estilo de vida inmoral, pero deseaba encontrar libertad y moralidad.

Una calurosa tarde de agosto, en 386 d.C., Dios cambió para siempre a este maestro de treinta y dos años. Agustín describe lo sucedido en sus *Confesiones* autobiográficas:

No estaba dispuesto a entrar a tu camino estrecho. Y ahora que deseaba la dulzura y la belleza de tu hogar eterno continuar actuando como un mundano se me hacía una pesada pena. La razón de mi indisposición era la atadura de mi amor por las mujeres.

Oh, sí, estaba seguro de que era mejor consagrarme a tu amor que entregarme a mi sensualidad. Aun así continuaba ofreciendo la lenta y soñolienta respuesta: «Pronto, Señor. Pronto iré a ti».

Pero el «pronto» no llegaba. Como mi hábito maligno me tenía violentamente atado, estaba ante una gran disyuntiva. Quería libertad, pero seguía aferrado como en contra de mi voluntad, y supongo que contribuí a este estado de confusión, ya que me dejé deslizar voluntariamente al pecado.

Pero tú, oh Señor, usaste las vidas cambiadas de otros hombres y mujeres como un espejo para continuar enderezándome a fin de que pudiera enfrentarme conmigo mismo. Me mostraste mi rostro para que pudiera ver cuán deformado, cuán torcido, depravado, manchado y ulceroso era. Espantado, me volví y traté de huir de mí, solo para encontrar que tú también estabas allí empujándome para que lo hiciera. Deseabas que descubriera mi iniquidad y la odiara, porque me ataba y no permitía que acudiera a ti.

Sin embargo, mi alma se quedó atrás.

Así que por mucho tiempo viví callado y en una turbadora miseria porque temía renunciar a mi pecado tanto como a la muerte ... ¡aunque por mi maldad me consumía hasta la muerte!

Entonces un día, mientras leía las epístolas de Pablo, una gran tormenta de inquietud comenzó a surgir dentro de mi alma. Mi corazón y hasta mi rostro se desenfrenaron a medida que crecía esa tormenta interna. Había un jardín al lado de nuestra casa y salí apurado hacia allá para que nadie me viera en un estado tan salvaje.

Heme allí, enloqueciéndome en camino a mi sanidad, ¡muriendo de camino a la vida!

Me enfurecí: hervía con ira por no entregarme a tu ley que vivifica. Todos mis huesos clamaban que de rendirme por completo a ti me libertarías y cantaría tus alabanzas a los cielos. Sabía que solo necesitaba un paso, un trecho no tan distante como el que tuve que recorrer desde mi casa hasta este banquillo en el que me desplomé en mi pena. Para pasarme a tu lado, para llegar completamente a tu lado, no requería más que la voluntad de ir, pero para desearlo con fuerza y totalmente, no para volver y contrariar una voluntad medio herida para que parte de mí continuara levantándose y luchando, mientras la otra me mantenía atado a la tierra.

Esta incapacidad de decidir —por Dios o por mí—, me torturaba. Me halaba el pelo, me golpeaba la frente, cruzaba mis dedos, me agarraba las rodillas con ambas manos. Todo mi cuerpo sentía la agonía de mi deseo de acudir a ti, pero no podía hacer que mi alma se levantara y cruzara hasta Dios. Sabía que lo que me detenía era algo tan pequeño, pero me retorcía y revolvía como si estuviera encadenado, como si pudiera quebrar mi propia agonía de una manera u otra.

Interiormente, gemí: «Que suceda ahora. ¡*Ahora*!»

Y tú, oh Señor, ¡estabas parado todo el tiempo en los lugares secretos de mi alma! Con tu severa misericordia, redoblaste los latigazos del temor y la vergüenza, para que no me rindiera de nuevo, lo que implicaría que la cadena que me separaba de ti me ataría mucho más enérgicamente que nunca antes.

Seguí imaginando las voces de las amantes, mientras me arrancaban mi vestido de carne, susurrando: «¿Realmente puedes despedirnos? ¿Cómo podrías vivir sin nosotras?»

Corrí fuera de la casa, al jardín, y me lancé al suelo bajo una higuera. Las lágrimas rodaban e inundaban mis ojos. Gemí: «¿Por cuánto tiempo continuaré diciendo, "pronto" y "mañana"? ¿Por qué no puede terminar con mi suciedad en este mismo minuto?»

Y en ese mismo momento escuché la voz de un niño, cantando una y otra vez, que salía de la casa de un vecino, no sabía si era niño o niña. «Toma y lee, toma y lee...» Era como el canto en un juego de niños, pero jamás lo había escuchado antes.

Estas palabras me llegaron al corazón con la fuerza de un mandamiento divino: «Toma y lee...»

Me obligué a dejar de llorar y me levanté del suelo. Regresé al jardín donde había dejado las Escrituras, que había llevado conmigo, porque creí escuchar nada menos que un mandamiento divino para abrir el libro y leer el primer pasaje que encontrara.

Agarré el libro, lo abrí y leí el primer pasaje en donde se posaron mis ojos: «Andemos como de día, honestamente; no en glotonerías y borracheras, no en lujurias y lascivias, no en contiendas y envidia, sino vestíos del Señor Jesucristo, y no proveáis para los deseos de la carne» (Romanos 13.13-14).

No necesité leer más. No hacía falta. Porque tan pronto como llegué al final de la oración, fue como si mi corazón se llenara de luz y confianza. Se barrieron todas las sombras de mi duda.[1]

---

1 Agustín, *Confesiones* (8:6-12) de David Hazard, *Early Will I Seek you* [Temprano te buscaré], Bethany House Publishers, Minneápolis, 1991, pp. 42-46.

Fue bueno que Dios no le concediera la petición a Mónica para que retuviera a su hijo en Tagaste. Fue al marcharse que finalmente regresó a Dios. El Señor escuchó el ruego de su madre y vio las lágrimas de ella. Pero Dios sabía que Agustín primero necesitaba ampliar su mundo, explorar otras filosofías y complacer sus deseos antes de cansarse del pecado y de sí mismo y abrirle su vida a Jesucristo. Otros cristianos tendrían que influenciar a su hijo; Mónica no bastaba. Dios tenía hombres y mujeres en Italia que se convertirían en los espejos que necesitaba Agustín para confrontarse consigo mismo y su pecado. Dios anticipó un jardín en Milán y el simple canto de un niño en una tarde de agosto. Dios estaba tan inclinado a los mejores intereses de Mónica y Agustín que tuvo que decirle que *no* a las oraciones de una madre.

El resto del relato tiene largo alcance. En el 387 a.C., Agustín fue bautizado por San Ambrosio, obispo de Milán, que ejerció gran influencia en la fe y el pensamiento de Agustín. El maestro de Tagaste no solo se convirtió en cristiano, sino que llegó a ser un poderoso predicador, obispo de la iglesia y uno de los teólogos más influyentes de la historia. Defendió la ortodoxia contra los asaltos de la herejía. Intervino para detener una amenazadora nueva ola de persecución. Sus escritos influyeron de manera poderosa a líderes y teólogos cristianos posteriores como Juan Calvino y Martín Lutero. Su pensamiento impactó las filosofías de Emanuel Kant y Blaise Pascal. Hasta tiene una ciudad en el noreste de Florida nombrada en su memoria, San Agustín.

No es que Dios obvió las oraciones de Mónica. Dios sabía lo que Mónica quería más que ella misma. Incluso más que Mónica la madre, Dios el Padre deseaba lo mejor para Agustín. Dios respondió a sus oraciones, aunque no de la manera que ella lo pidió o lo esperaba.

Dios declinó delicadamente su petición para darle algo mejor.

Cuando le rogamos algo a Dios creemos que pedimos lo mejor para nosotros. Solo las oraciones más pervertidas le piden algo malo a Dios a sabiendas. El problema es este: no siempre sabemos qué es lo mejor. A veces eso nos resulta obvio mucho después de pedirlo, y de que se nos niega.

Mindi Jennings es una representante de servicios al consumidor, de veintiún años de edad, que se enamoró de un estudiante universitario cuando estaba en la escuela secundaria. Desde el momento en que su hermana mayor se lo presentó, soñaba casarse con él. Cuando él la llamó el día de su graduación estaba tan feliz que no podía concentrarse en su cita de esa noche. Eso solo fue el comienzo. Mindi dice: «Fui a visitar a mi hermana en la universidad y pasé más tiempo con él que con ella. ¡Estaba en el cielo! A la hora de marcharme, decidimos ser algo más que amigos. Nos mantuvimos en contacto, nos enamoramos, hasta vino a verme. Creí que todo iba bien. Mis padres lo apoyaban y todos pensaban que era un gran muchacho. Sabíamos que íbamos a casarnos. Incluso creí que esa era la voluntad de Dios».

Cuando el sueño comenzó a deshacerse Mindi se amargó con sus amistades, con su familia y con Dios. «¿Cómo podía Dios dármelo y luego quitármelo?», preguntaba. «Dios sabía cuánto deseaba estar con él. ¿Cómo podía, por nada, decir que no?»

Mindi aprendió una lección que Dios ha enseñado millones de veces: lo que queremos de Dios no es lo mejor para nosotros. Dios tiene algo mejor que no podemos imaginar —ni tratar de orar por ello—, en ese momento. «A través de la mayor prueba de mi vida», Mindi añade, «me percaté de que cuando al fin me rendí, me entregué y obedecí, el *no* de Dios se convirtió en *sí*. Dos meses después conocí al esposo que Dios salvó para mí. Y le estoy agradecida a Dios más de lo que nadie jamás sabrá por su *negativa*».

¡*No*, puede ser uno de los mejores regalos de Dios para nosotros!

Cuando Dios dice «*Sí*» a algo menor que lo mejor

Sería consolador imaginar que Dios siempre nos protege de las cosas menores y nos trae las mejores. Dios y la oración no son sencillos. Dios tiene cantidad de respuestas para nuestras peticiones. Y podemos encontrar ejemplos claros en la Biblia de que algunas veces nos permite obtener lo que deseamos, diciendo que *sí* a peticiones no muy buenas.

El pueblo de Israel demandó un rey. Eso no era lo que Dios tenía en mente. Él mismo deseaba ser el Rey de Israel, para establecer una teocracia en lugar de una monarquía. Dios deseaba que Israel fuera completamente distinta a las naciones paganas que la rodeaban. No tener rey era evidencia visible de esa diferencia. Pero el pueblo no deseaba ser diferente. Ellos deseaban un rey igual que las otras naciones: «Danos un rey que nos juzgue» (1 Samuel 8.6).

Quizás al temer el disgusto de Dios, el pueblo le pidió al profeta Samuel que orara por sus deseos y le diera a conocer sus demandas a Dios. A Samuel no le agradó la idea. Pero su trabajo era hablarle al pueblo por Dios y hablarle a Dios por el pueblo. Comunicó la petición sabiendo que no debían orar eso. Samuel era más inteligente que el resto de su nación y se sintió mal por lo que le pedía a Dios. Dios le aseguró que no debía tomar la ira del pueblo de manera personal: «Oye la voz del pueblo en todo lo que te digan; porque no te han desechado a ti, sino a mí me han desechado, para que no reine sobre ellos» (1 Samuel 8.7).

Antes de concederles su petición Dios le dijo a Samuel que le advirtiera a Israel en cuanto a las consecuencias de su demanda. Samuel predijo francamente que un rey habría de reclutar a sus hijos en el ejército, obligar a sus hijas a ingresar a la fuerza laboral, sacarles impuestos a sus productos y posesiones, confiscarles su mejor tierra y empeorar las cosas más que nunca antes. «Y clamaréis aquel día a causa de vuestro rey que os habréis elegido, mas Jehová no os responderá en aquel día» (1 Samuel 8.18).

Entonces, sabiendo que era algo menos que lo mejor, Dios le

concedió a Israel el rey que pidieron. Y les dio un rey bueno y guapo. Saúl era alto, apuesto y popular, y el pueblo se alegró con deleite. Al principio Saúl fue un hombre humilde sorprendido por su selección. Empero lo que comenzó en promesa terminó en desastre. El ego del nuevo rey creció más que su trono y su corona. Los éxitos iniciales sucumbieron ante el egoísmo real y la cobardía. Lo peor de todo fue que el rey, que habría de ser el regente de Dios en la tierra, se alejó sin esperanza del Señor cuyo pueblo gobernaba. La nación colapsó en desorden y guerra civil.

Todos habrían salido mejor si Dios hubiera dicho *no* al principio.

Mucho más tarde, *Ezequías* fue un buen rey de Israel, uno de los mejores. «En Jehová Dios de Israel puso su esperanza; ni después ni antes de él hubo otro como él entre todos los reyes de Judá. Porque siguió a Jehová, y no se apartó de Él, sino que guardó los mandamientos que Jehová prescribió a Moisés. Y Jehová estaba con él; y adondequiera que salía, prosperaba. Él se rebeló contra el rey de Asiria, y no le sirvió» (2 Reyes 18.5-7).

Fue un buen hombre y un buen rey. Ezequías fue sobre todo efectivo en la oración. En un momento dado los aparentemente invencibles ejércitos de Asiria se posicionaron para derrotar a Israel. Todos se asustaron cuando el general enemigo, Senaquerib, le envió una carta amenazadora a Ezequías y a la nación de Israel. Pero Ezequías era un hombre consagrado que sabía qué hacer en una crisis. Le presentó la carta a Dios y pronunció una de las oraciones más elocuentes y efectivas registradas en la Biblia:

«Y oró Ezequías delante de Jehová, diciendo: Jehová Dios de Israel, que moras entre los querubines, solo tú eres Dios de todos los reinos de la tierra; tú hiciste el cielo y la tierra. Inclina, oh Jehová, tu oído, y oye; abre, oh Jehová, tus ojos, y mira; y oye las palabras de Senaquerib, que ha enviado a blasfemar al Dios viviente. Es verdad, oh Jehová, que los reyes de Asiria han destruido las naciones y sus tierras; y que echaron al fuego a sus dioses, por cuanto ellos no eran dioses, sino obra de manos de hombres, madera o piedra, y por eso los destruyeron. Ahora, pues, oh Jehová Dios nuestro, sálvanos, te ruego, de su mano, para que sepan todos los reinos de la tierra que solo tú, Jehová, eres Dios».

2 Reyes 19.15-19

Dios respondió en gran manera, enviando a su ángel de noche a matar a 185,000 soldados asirios. Senaquerib, con su ejército devastado, se retiró a su capital en Nínive, donde fue asesinado por sus propios hijos. ¡Esta fue una de las respuestas más espectaculares a la oración en la historia!

Entonces vino la crisis personal de Ezequías. El rey enfermó sin esperanza. Para que Ezequías no dudara de manera alguna que iba a morir, el profeta Isaías le advirtió que: «Jehová dice así: Ordena tu casa, porque morirás, y no vivirás» (2 Reyes 20.1).

Hasta un rey tiembla cuando enfrenta la muerte. El éxtasis de la victoria militar de ayer no basta para mantener las emociones personales concentradas contra el inminente fin de una vida. Ezequías hizo exactamente lo que la mayoría de nosotros haría. Pidió un milagro. Oró por tiempo, una extensión de su vida. Fue congruente con la manera en que trató crisis anteriores. Si pedirle a Dios lo imposible resultó con la nación, ¿por qué no habría de resultar para el rey? Cuando Ezequías escuchó su funesto diagnóstico, volvió su cabeza hacia la pared y oró con lágrimas amargas: «Te ruego, oh Jehová, te ruego que hagas memoria de que he andado delante de ti en verdad y con íntegro corazón, y que he hecho las cosas que te agradan. Y lloró Ezequías con gran lloro» (2 Reyes 20.3).

Usted y yo tenemos algo en común con el rey Ezequías. Amamos la vida. Le tememos a la muerte. No hay nada malo con eso. Dios nos hizo de esa manera. De ser negada, estoy convencido de que la oración de Ezequías hubiera sido mejor. Yo habría esperado que Ezequías se sometiera a lo que Dios dijo que iba a suceder y enfrentara su muerte valerosamente. Pero no era el que yacía moribundo en la cama real. Si se me dijera hoy que voy a morir mañana *oraría* tan persuasivamente como pudiera. Le rogaría a Dios por una vida más larga. Cuando enfrentamos la muerte solo hay una petición lógica, solo una respuesta deseable para nuestras oraciones. Queremos que Dios nos conceda sanidad y vida. Cualquier otra cosa parece cruel y odiosa. Es increíble que la muerte sea nuestra mejor alternativa.

Dios dijo «*Sí*». Respondió a otra de las oraciones de Ezequías con un milagro: «Yo he oído tu oración, y he visto tus lágrimas; he aquí que yo te sano; al tercer día subirás a la casa de Jehová. Y añadiré a tus días quince años, y te libraré a ti y a esta ciudad de mano del rey de Asiria; y ampararé esta ciudad por amor a mí mismo, y por amor a David mi siervo» (2 Reyes 20.5-6).

Dos acontecimientos importantes marcan los siguientes quince años que, aparentemente, no fueron en particular raros ni memorables en ese entonces. El primero fue la llegada de una delegación de visitantes del príncipe de Babilonia, la nación vecina. Trajeron regalos y saludos. Celebrando su nueva salud y deleitado con la compañía, Ezequías les ofreció un minucioso paseo por el palacio a sus visitantes. Les mostró todo, incluyendo los valiosos tesoros de Israel, plata, oro, especias y aceite fino. El segundo acontecimiento importante fue el nacimiento de Manasés, el hijo de Ezequías, tres años después de su sanidad. Cuando finalmente terminaron los quince años de Ezequías fue seguido por el rey Manasés, que solo tenía doce años de edad en ese momento pero que reinó durante los próximos cincuenta y cinco años.

Estos dos acontecimientos, insignificantes en apariencia, remoldearon drásticamente el futuro de Israel. Los visitantes con tan buenas intenciones resultaron ser espías que informaron en cuanto a la riqueza y comenzaron los preparativos para los sucesos que finalmente llevaron a Babilonia a conquistar a Israel y condujeron al pueblo a la esclavitud. Y mientras tanto, el rey Manasés llevó a la nación de las alturas del reinado de su consagrado padre a una caída espiritual. Manasés «hizo lo malo ante los ojos de Jehová, según las abominaciones de las naciones que Jehová había echado de delante de los hijos de Israel» (2 Reyes 21.2). Reedificó los altares paganos y los ídolos que su padre había derrumbado, convirtió el «Templo del Señor» en uno pagano, sacrificó a su propio hijo en el fuego en una ceremonia religiosa pagana, y practicó la hechicería y la adivinación con médiums y espiritistas. Su epitafio decía que «Manasés los indujo a que hiciesen más mal que las naciones que Jehová destruyó delante de los hijos de Israel» (véase 2 Reyes 21.9).

¿Valía la pena que quince años más de la vida de un rey causaran toda esa maldad? Si Ezequías hubiera muerto antes, el tesoro de Israel no habría sido expuesto. Manasés no habría nacido.

¿Se equivocó Dios al permitir que Ezequías viviera? ¿O al señalar al rey Saúl? ¿Quiere todo esto decir que Dios es menos que bondadoso? Decididamente no.

Los relatos de Saúl y Ezequías nos muestran que Dios *puede* decir que *sí* a algo menor que lo mejor. Desde el punto de vista humano de la historia, ciertamente, Saúl jamás debió ser rey y habría sido mejor que Ezequías se muriera. Pero no podemos comprender los misterios del pensamiento de Dios.

Dios conoce el fin desde el principio. Ve el futuro que no podemos ver. Prevee exactamente hacia dónde va la historia y junta piezas desiguales de forma magistral para que se ajusten a su diseño, sabiendo cómo el peor de los actos aun puede ayudar a cumplir sus propósitos. Hasta las pruebas que surgen cuando le dice que *sí* a nuestras peticiones por algo menos que lo mejor tienen su lugar en sus planes.

No a las oraciones que no son para nuestro bien

Me avergüenza reconocer que la mayoría de mis oraciones son *egoístas*. Lo sé. Deseo que no lo fueran. Trato de ser menos egoísta pero me resulta difícil. Vuelvo a caer en patrones que me interesan. Francamente, hasta mis aparentes oraciones abnegadas a menudo tienden a servir a mis propósitos. Por ejemplo, oro para que mejore el matrimonio de dos amigos, consciente de que mi vida sería más feliz si no se divorcian.

Dios usa su gracia cuando filtra el egoísmo antes de responder a lo que le pido. No trata de escapar a su promesa de oír y responder a mis oraciones. En vez de eso, se ocupa lo suficiente como para arreglar mis oraciones antes de responderlas. Aunque lo conozco en teoría, lucho con ello en la realidad. Con demasiada frecuencia me irrita que Dios no me dé lo que pido exactamente de la manera que quiero. Casi siempre prefiero que Dios lo haga a mi modo en vez de al suyo, que es mejor.

Lo extraño en cuanto al egoísmo es que no podemos verlo claramente por nosotros mismos. Los únicos ojos mediante los cuales podemos ver e interpretar la vida son los nuestros. Usted puede persuadirme a ver desde un ángulo diferente, pero jamás miraré a través de ninguna otra cosa que mis propios ojos. Así que no puedo regularme a mí mismo. Sin una objetiva ayuda externa me hundo en un agujero egocentrista excavado por mí mismo. Ese es el problema crónico de cada pecador.

Orar con otros es un correctivo práctico a la oración egoísta, por eso es que Jesús dijo que «si dos de vosotros se pusieren de acuerdo en la tierra acerca de cualquier cosa que pidieren, les será hecho por mi Padre que está en los cielos» (Mateo 18.19). Esta es una promesa poderosa, pero no incondicional. Es posible que dos sean menos egoístas que uno, pero todavía pueden equivocarse.

Dios es la solución definitiva. Confiamos en que Él vea lo que no podemos ver. Creemos que responderá a nuestras oraciones en términos de sus mejores intereses y de los nuestros. Es como el diálogo entre un piloto privado volando a través del país y un controlador de tráfico aéreo en el Centro de la Administración Federal de Aviación en Denver. El piloto pidió permiso para bajar hasta una altitud de 6.214 metros de altura. El controlador le negó el permiso repetidas veces. Aunque le parecía una petición perfectamente razonable al piloto, que vivía cerca del nivel del mar, el controlador sabía que las montañas al paso de su vuelo tenían más de 8.700 metros de altura.

El piloto no deseaba estrellarse, simplemente operaba en base a una experiencia limitada en terreno diferente. Lo que le parecía razonable en realidad era totalmente irrazonable. Así es con Dios, que muchas veces nos niega nuestras peticiones en cuanto a lo que equivocadamente creemos es lo mejor para nosotros.

Si Dios nos diera todo lo que procuramos con egoísmo, pronto nos autodestruiríamos.

La *búsqueda de la facilidad* está relacionada con el egoísmo ciego. Muchas de nuestras oraciones le piden a Dios que nos lleve por el camino más fácil de la vida. ¿Quién desea que Dios dificulte la vida? Supongo que fue la parte naturalmente humana de la oración de Jesús que pidió sobrepasar la copa de la cruz. Los humanos están ideados para evitar el dolor, y las cruces siempre son dolorosas.

Pero el camino fácil frecuentemente ni es el correcto ni el mejor. Así como cortar una mariposa de su capullo podría facilitar su escape pero dejar sus alas demasiados debilitadas para volar, las alternativas fáciles con frecuencia nos dejan poco preparados para todo lo que Dios se propone en nuestras vidas.

Haga una encuesta de cualquier grupo cristiano. Pregunte: «¿Cuándo estuvo más cerca de Dios en su vida y cuándo creció más espiritualmente?» Con pocas excepciones las respuestas serán «durante los momentos más difíciles». Imagínese cómo serían nuestras vidas sin luchas ni dolor. ¿Acaso una existencia libre de problemas parece deleitosa? Podría no valer la pena vivirla. Nos consumiríamos en el placer, nos creeríamos autosuficientes, nos sumiríamos en la autoindulgencia y jamás conoceríamos a Dios.

El sufrimiento tiene grandes beneficios: «La tribulación produce paciencia; y la paciencia, prueba; y la prueba, esperanza» (Romanos 5.3-4). Cuando el sufrimiento se entiende desde la perspectiva de Dios, se convierte en una fuente de gozo: «Gozaos por cuanto sois participantes de los padecimientos de Cristo, para que también en la revelación de su gloria os gocéis con gran alegría» (1 Pedro 4.13). El sufrimiento no solo edifica el carácter sino que también da solidaridad con Jesucristo, que sufrió por nosotros. El carácter y la semejanza con Cristo son mucho mejor que la comodidad. Sabiendo todo esto, Dios muchas veces dice *no* a nuestras oraciones que buscan comodidad para preservar los mayores beneficios del sufrimiento.

Suponga que un padre elimina todos los obstáculos del sendero de un niño, previene toda incomodidad y complace cada gusto. El niño jugaría con fuego a los dos años de edad, se le pudrirían los dientes a los siete, se mutilaría con autos a los once y derrocharía la fortuna familiar en la playa a los diecisiete. ¡Qué clase de niño produciría esa crianza! En términos populares, un malcriado. En términos teológicos, un réprobo total. En términos personales, un individuo completamente miserable.

Cierto. Todo es cierto. Lo sabemos como cierto, pero aún así oramos por la manera más fácil. No critico a los que buscan la facilidad. Yo lo hago todo el tiempo. (Me preocuparía más por el masoquista que disfruta del dolor.) Cuando oramos por el camino fácil Dios responde con mayor amor que el padre terrenal más bondadoso. Él nos ama demasiado como para permitir vidas fáciles. Responde afirmativamente a bastantes peticiones de facilidad para que no nos desanimemos por completo y niega suficientes peticiones como para que no nos convirtamos en malcriados impíos e indisciplinados.

También tendemos a orar por *velocidad*. Los humanos y Dios viven bajo relojes distintos. Debido a que nuestras vidas típicamente duran unos setenta años, la presión interna hace que estallemos para obtenerlo todo de inmediato. El Dios eterno que jamás comenzó y jamás terminará no está muy apresurado.

Los estadounidenses aceleraron el paso de la vida a un nivel sin precedente. Tenemos más experiencias en la niñez que lo que la mayoría de las personas tienen durante toda una vida. Pero seguimos atiborrando más. Somos moldeados por una era de gratificación instantánea, queremos productos, placeres y dominios sin postergarlos. Y diez minutos después esperamos algo más y que sea diferente. Nuestra generación ha reducido los problemas de la vida a los dramas de televisión en los que surgen los asuntos más profundos y se resuelven en menos de una hora.

Me gusta el relato de los estadounidenses que emplearon a africanos para cargar suministros en un largo viaje a través de terreno escabroso. Cada día los estadounidenses presionaban a los obreros para que caminaran más rápido, trabajaran por más tiempo y llegaran más lejos. Finalmente todo el equipo se sentó y rehusó continuar. Explicaron que tenían que esperar a que sus almas los alcanzaran.

Es presuntuoso pensar que Dios debe cambiar su paso para ajustarse a nuestros calendarios. No es que sea lento o haragán, es sabio y experimentado. Él no solo sabe qué hacer sino cuándo hacerlo. El mejor camino es llevar nuestro paso acorde con el suyo en lugar de rogar que sea al revés.

Cuando Dios dice que *no*, a veces es para sosegarnos. Otras nos acelera. De todas maneras, Él es tan bueno para reconocer cuando nuestras oraciones no nos son provechosas que nos lo dice mediante su respuesta negativa a nuestras peticiones.

No para darnos algo mejor

El éxito discográfico de Garth Brooks «Unanswered Prayers» [Oraciones no contestadas] trata de un romance juvenil que se recuerda en una reunión de escuela secundaria. Dios en su gracia dijo que *no* a una petición de pasar la vida junto a su amor de secundaria. Brooks explica en la portada de la grabación que «esta es probablemente la canción más sincera con la cual jamás haya estado involucrado como escritor. Realmente nos sucedió a mí y a mi esposa cuando regresamos a casa en Oklahoma. Cada vez que canto esta canción, me enseña la misma lección ... la felicidad no es obtener lo que deseas, es desear lo que tienes».[2]

---

2 Citado de la portada de *Garth Brooks/The Hits* [Los éxitos de Garth Brooks], Capitol, Nashville, 1994.

Es bueno cuando Dios dice *no* para darnos algo mucho mejor que lo que pensábamos pedir.

Hay momentos cuando *no* es la mejor respuesta que Dios puede dar. Eso no significa que nuestras oraciones fluyen de motivaciones malvadas o sin visión. Simplemente es que Dios conoce mejor las cosas. Lo que Dios no concede está enraizado en su sobreabundante sabiduría. La oración misma es un reconocimiento de nuestra posición inferior y la superior de Dios. Si siempre supiéramos qué es lo mejor no habría necesidad de Dios ni de oración.

En el monte de la transfiguración, Pedro, Santiago y Juan atestiguaron una develación extraña y espectacular de esplendor sobrenatural. Por un breve momento la gloria de Jesucristo se les reveló a los seres humanos para que pudieran verla. Fue como si se quitara el disfraz terrenal de Jesús y apareciera en sus divinos vestidos celestiales. Moisés y Elías aparecieron sobrenaturalmente desde el otro lado de la tumba y conversaron con el transfigurado Hijo de Dios. Aunque esto pudo ser algo rutinario para el cielo, fue sorprendentemente singular en la tierra. Pedro, Santiago y Juan no supieron cómo reaccionar.

Pedro balbuceó impulsivamente una oración. No fue bien meditada. Habló más por miedo que por fe. Le dijo a Jesús: «Maestro, bueno es para nosotros que estemos aquí; y hagamos tres enramadas, una para ti, otra para Moisés, y otra para Elías» (Marcos 9.5). Jesús jamás contestó la oración de Pedro. Este rápidamente entendió que la falta de respuesta indicaba una contestación negativa.

Dios tenía algo en mente mucho mejor que un refugio memorable. Envió una nube que los envolvió a todos y el Dios Todopoderoso del cielo habló en alta voz: «Este es mi Hijo amado; a Él oíd» (Marcos 9.7).

¿Qué era mejor, andar buscando algunas ramas para señalar el lugar o que Dios rompiera el silencio entre el cielo y la tierra e hiciera oír su voz a los discípulos? Cuando los privilegiados bajaron de la montaña las enramadas jamás se mencionaron.

María y Marta se contaban entre las amistades más cercanas a Jesús. También a ellas les dijo que no. Fue una situación de vida o muerte. Su hermano Lázaro moría y sabían que su última esperanza era un toque de Jesús. Las hermanas le enviaron un mensaje urgente a Jesús diciéndole que su amigo estaba enfermo y que era necesario que viniera rápidamente a Betania. El registro de la respuesta de Jesús a su petición parece contradictorio: «Y amaba Jesús a Marta, a su hermana y a Lázaro. Cuando oyó, pues, que estaba enfermo, se quedó dos días más en el lugar donde estaba» (Juan 11.5-6).

Cuando Jesús dice *no* a nuestras oraciones no significa que nos ama menos. El verdadero amor puede dar respuestas sorprendentes.

Ya cuando Jesús llegó finalmente los sorprendió otra vez, diciendo: «Lázaro ha muerto» (Juan 11.14). Sobra decir que María y Marta se desengañaron con Jesús. Cuando le hablaron por vez primera a Jesús, luego de su llegada, cada una de ellas le dijo: «Señor, si hubieses estado aquí, mi hermano no habría muerto» (Juan 11.21, 32). Desde ese entonces, a través de los siglos, se ha repetido la escena y las palabras se han parafraseado en muchas ocasiones. Muchas amistades de Jesús lo han llamado cuando sus seres amados están enfermos o muriéndose. Cuando Jesús no llegó o arribó tarde, ellos también se decepcionaron no solamente por el resultado sino decepcionados con Jesús. Dudaron de su amor y le dijeron que «si hubiera estado allí» todo habría sido diferente.

No era que a Jesús no le importaba. Lloró tan sincera y profusamente que hasta los extraños supieron que amaba a Lázaro. Jesús sencillamente tenía una causa mayor. Y Lázaro era parte de ella.

Jesús resucitó a Lázaro, probándoles a su generación y a toda la historia que tenía el poder definitivo sobre la tumba.

Piense cuán diferente habría sido todo si Jesús hubiera venido como se le pidió y sanado a Lázaro de su enfermedad como se esperaba. A pesar de lo extraño que parezca, habría sido simplemente otra sanidad milagrosa. Más importante aún, la historia habría visto una persona menos levantada de entre los muertos. Frecuentemente nos preguntamos: «¿Y qué si...?», cuando se niegan nuestras oraciones. ¿Y si Dios no se hubiera negado? Aquí tenemos que hacernos otro tipo de pregunta. ¿Y si Jesús hubiera asentido a las oraciones de las hermanas? Indudablemente Lázaro se habría decepcionado de haberse enterado de lo que se perdió. Recibió algo mejor.

Pedro, Santiago, Juan y Andrés les negaron lo que pidieron como grupo de oración. ¿Acaso no es interesante que creemos que Dios está más inclinado a decirle que *no* a nuestras oraciones privadas que a nuestras oraciones colectivas? Empero, si nuestras oraciones no son para lo mejor, Dios se niega y pospone tanto a los individuos como a los grupos sin parcialidad alguna.

Estos cuatro seguidores se acercaron a Jesús en una premeditada oración colectiva. Le pidieron una fecha específica para su anticipada destrucción del templo de Jerusalén. Les dio bastante información, pero jamás respondió a su pregunta de la manera que deseaban. Dijeron: «Dinos, ¿cuándo serán estas cosas? ¿Y qué señal habrá cuando todas estas cosas hayan de cumplirse?» (Marcos 13.4) y respondió: «De aquel día y de la hora nadie sabe, ni aun los angéles que están en el cielo, ni el Hijo, sino el Padre» (Marcos 13.32). La información que pidieron, en otras palabras, era secreta y no podía decírselas.

No es difícil adivinar por qué Dios mantiene cierta información en secreto. Si supiéramos cuándo ocurrirán los acontecimientos profetizados no estaríamos «¡alertas o en guardia!» como ordenó Jesús (Marcos 13.33). Si supiéramos cómo y cuándo habríamos de morir la mayordomía de nuestra vida se arruinaría, estaríamos tentados a vivir de forma pecaminosa e imprudente sin ilusiones de inmortalidad.

Las investigaciones recientes en la genética develan información que estuvo oculta para las generaciones anteriores. Se prevee que las pruebas de laboratorio podrán predecir características de los niños del futuro y anticipar enfermedades. Predecirán la duración de la vida con gran precisión. La mayoría de las personas ya concluyeron que no desean ese tipo de información. Es mejor vivir ignorante en cuanto a algunas cosas. Jesús sabía eso. Trató con gracia la ignorancia del itinerario divino en lugar de sobrecargar a sus cuatro amigos y a todas las generaciones futuras con información que no estamos equipados para elaborar.

Dios sabe qué es lo mejor

> La oración eficaz del justo puede mucho.
>
> Santiago 5.16

Nos imaginamos que de concederse nuestras oraciones y de extenderse nuestras vidas todo caerá en su lugar perfecto y viviremos felices para siempre. Podría parecer cruel cuando Dios le dice que *no* a nuestras oraciones más apasionadas. En realidad su firme *no* podría ser la palabra más bondadosa de todas.

Aun así, podríamos dudar del poder y la efectividad de la oración si Dios nos dice que *no* con frecuencia, a menos que entendamos mejor el significado de la fe y la oración.

El asunto definitivo de la fe no es la posibilidad de obtener el don que buscamos, sino si confiamos o no en que el Dador es bueno. La fe no es asunto de respuestas. La fe es asunto de Dios.

¿Creemos que Dios es sabio, bueno, poderoso, justo, generoso, santo y bondadoso? Si realmente creemos que Dios es todo lo que afirma, sabemos que siempre debe actuar de forma congruente con su carácter. Cuando nuestras oraciones violan el carácter de Dios no debemos esperar que cambie a nuestro gusto. Sería un Dios trivial y frívolo si hiciera eso.

Hay un gran consuelo en saber que Dios se preocupa lo suficiente como para decir que *no*. En lugar de sufrir un desengaño prolongado podemos regocijarnos en el carácter de Dios.

Entonces, ¿estamos mal al decepcionarnos cuando se nos niega algo? ¿Tenemos algo impropio cuando sentimos que brota el enojo contra Dios? ¿Acaso no debemos pedir una explicación cuando nuestras convicciones parecen ser trivializadas por el silencio de Dios ante nuestros ruegos? Todas estas preguntas y reacciones son comunes entre los cristianos. Después de todo, no oraríamos si no creyéramos, y no creyéramos si no pensáramos que la oración hiciera diferencia alguna.

Dios es como un padre benévolo y fuerte con un niño que crece y cambia. El niño pide algo que desea profundamente y espera obtenerlo. El niño está convencido de que su padre le otorgará su deseo de inmediato; y cuando se le niega, el niño podría sentirse rechazado y enojarse contra la persona que más lo ama. Una de las grandes contradicciones de la humanidad surge cuando un niño le dice «te odio» al padre que lo ama más que nadie en el mundo. Muy adentro el niño sabe que rehusar no es rechazar, que la ira verdaderamente duele pero que jamás hace que un padre devoto deje de amar, y que mamá y papá en última instancia probablemente estarán en lo correcto. Una señal cierta de una familia saludable es que las relaciones son más importantes que las cosas.

Cuando Dios dice *no*, no es que nos rechace. No nos ama menos. Sabemos que al final estará en lo correcto. Nuestra fe es en Dios, no en las cosas que esperamos recibir. Nuestra relación con Él es el mejor regalo de todos.

El sometimiento a lo mejor de Dios

Eres más sabio de lo que pueda entender. Tu itinerario siempre está a tiempo. Ves todas las piezas y cómo encajan. Eres continuamente bondadoso.

Gracias por escuchar mis oraciones con tanta paciencia. Escuchas peticiones enloquecidas y no te ríes. Me tratas con tanto respeto cuando soy tan egoísta y ando tan apurado.

Realmente creo que sabes qué es lo mejor. Aunque muchas veces oro como si supiera qué es lo mejor y luzco como si estuviera diciéndote qué hacer, sé que profundamente, en mi corazón, no puedo siquiera compararme contigo.

Por favor, no asientas a mis oraciones tontas.

Por favor, protégeme de mi ignorancia, impaciencia y egoísmo.

Quiero afirmar públicamente, de una vez por todas, que me someto a tu sabiduría mayor y a tu itinerario superior. Como mejor pueda, aceptaré tu no con gracia porque estoy absolutamente convencido de que en tu corazón tienes los mejores intereses para mí. Eres grande y tan bueno.

Gracias, Señor. Amén.

TRES

Las oraciones opuestas no se atraen

Everett y Dory Healy saben cómo orar. Amorosos, compasivos y consagrados, son personas que deseo que oren por mí cuando enfrento las crisis más profundas de la vida. Su amiga, en Wisconsin, debe haber sido especialmente bendecida cuando los Healy vinieron a visitarla al hospital para orar por su sanidad. Su amiga sufría un tumor maligno que ya le había robado su habilidad para caminar.

Los Healy oraron específicamente para que Marion se recuperara y fuera restaurada a su familia y sus amistades. Un día después cayó en coma. No podía mover ningún músculo, comer por su cuenta ni controlar sus funciones corporales. Semana tras semana el coma persistió, y luego de seis meses sus médicos dijeron que jamás se recuperaría. Todos los días al mediodía su esposo la visitaba para tratar de alimentarla, sin respuesta alguna. La familia y las amistades comenzaron a orar para que Dios se la llevara misericordiosamente a su hogar en el cielo. Los Healy oraban al menos dos veces al día pidiéndole a Dios por su vida y su final. Llamaban con frecuencia para mantenerse al día en cuanto a la amiga que amaban.

No hubo cambios. Después de un año Marion todavía estaba en un profundo coma. Los Healy continuaron orando: «Dios, por favor, llévatela ya». Entonces los Healy recibieron noticias de su emocionado esposo. ¡Marion había despertado súbitamente! Estaba consciente, conocía a todos por nombre, estaba alegre, hambrienta y deseaba ver a toda su familia y a sus amistades. «Dios no respondió a nuestra oración como habíamos orado», dice Everett Healy. «Como frecuentemente hace nuestro Padre celestial, tenía un plan mejor».

Oramos por una cosa. Dios concede otra. Esta clase de contradicción es una de las ironías de la oración. Pero hay una segunda contradicción relacionada que acontece muchas veces en la oración. Cuando docenas de personas oran por algo parece inevitable que las oraciones no sean *idénticas*. Oramos en direcciones diferentes. No solo eso, parece probable que cuando un grupo de personas ora algunas oraciones serán completamente *contradictorias*, con distintas personas pidiendo respuestas opuestas. Cuando una amistad está enferma algunos oran por una muerte tranquila, una bienvenida rápida y misericordiosa al hogar del cielo. Sabemos que otros continúan orando por recuperación, creyendo que lo mejor que puede ofrecer Dios es la sanidad aquí y ahora. Hasta un individuo solitario podría cambiar de parecer y dejar de orar por algo y comenzar a orar por otra cosa, o cambiar entre dos oraciones opuestas.

De una manera u otra Dios debe reconciliar todos los intereses que expresamos. Y alguien en alguna parte recibe el *no* de Dios como respuesta.

El clima es un ejemplo ideal de la oración contradictoria. Durante la sequía del verano de 1989, sesenta y cinco por ciento de los habitantes de Iowa oraron por lluvia.[1] Pero mientras un agricultor ora por lluvia para que termine la sequía y se salve su cosecha, alguien que anda de vacaciones ora por vientos

---

1 Eric Zorn, «Lets Us Pray» [Oremos], *Notre Dame Magazine*, otoño 1995, p. 44.

agradables y cielos secos. Un alcalde desea suficiente lluvia como para llenar la reserva de agua que anda peligrosamente baja pero no tanta como para que se inunden los caminos y las casas. El maestro de Escuela Dominical pide un sábado soleado, cálido y seco para el retiro anual de la iglesia.

Ciertamente Dios escucha las oraciones respecto al *clima*. Cuando Elías oró por lluvia, llovió (1 Reyes 18). Cuando Jesús oró por calma la tormenta se detuvo (Lucas 8). Sin embargo, no esperamos que Dios ocasione inundación y sequía en el mismo lugar y momento. Algunas veces la lluvia cae en un lado de la calle mientras que el sol brilla en la otra, eso es lo más cerca que podemos estar de la concesión de oraciones contradictorias. Pero ese clima casi siempre es una peculiaridad meteorológica en vez de una respuesta sobrenatural a las oraciones opuestas de los vecinos. Además, la mayoría de las oraciones conflictivas en cuanto al clima simplemente salen de una manera u otra.

Añada los *deportes* a la lista de peticiones encontradas. En los resultados de los deportes solo hay posibilidades limitadas: ganar, perder, o quizás empatar. No hay manera en la cual ambos bandos puedan ganar. Dios puede responder las oraciones de un lado, apartarse del juego por completo o simplemente hacer que «su equipo» salga victorioso. Empero, frecuentemente vemos contiendas deportivas en que los atletas de ambos bandos oran, se arrodillan luego de anotar puntos, o se hacen la señal de la cruz antes de batear. Pocos reconocen en la televisión nacional que oran para que sus equipos ganen, pero es casi seguro adivinar que así lo hacen. A pesar de lo tonto que pueda parecer, reconozco haber orado para ganar juegos de raqueta en la *YMCA* o de «softbol» en los retiros de la iglesia.

Todo empieza a parecer sacrílego. Ciertamente Dios tiene cosas más importantes que hacer que determinar el resultado de acontecimientos deportivos, aunque otra perspectiva arguye que Él está interesado en los detalles más pequeños de nuestras vidas. Si un padre terrenal se ocupa del juego de balompié de su hijo, el Padre celestial debe ocuparse al menos de eso mismo.

¿Y qué de las oraciones encontradas por *preocupaciones nacio-*

nales y crisis? Ofrecemos oraciones en esferas con mucho más en juego que un trofeo de pequeñas ligas. Jimmy Carter reconoce que oró para que Newt Gringrich y Oliver North perdieran en las elecciones de noviembre del 1994 (Gingrich ganó; North perdió).[2] Ciertamente hubo otros que oraron para que ambos ganaran.

Cuando la misión del *Apolo 13* estaba cercana a un desastre y a la muerte entre la tierra y la luna, el congreso de los Estados Unidos pasó una resolución conjunta urgiendo a todos a orar por los astronautas.[3] Con tantas personas orando, ¿cómo es posible que no hubiera oraciones que fueran diferentes y hasta estuvieran en desacuerdo?

Los fieles de cada religión oran en víspera de batalla. Más o menos, sesenta por ciento de los estadounidenses cree que las oraciones durante tiempo de guerra son efectivas.[4] Las oraciones casi siempre giran alrededor de dos peticiones: supervivencia personal y victoria militar. Al menos, el soldado que ora desea sobrevivir. A lo más, el soldado que ora desea que su bando gane.

Durante la Primera y la Segunda Guerra Mundial los cristianos pelearon con frecuencia contra otros cristianos. Los creyentes alemanes oraban en el nombre de Jesucristo por la victoria alemana. Los soldados franceses, británicos y estadounidenses rogaban por la victoria aliada, orando también en el nombre de Jesucristo. Miles de cruces en los cementerios militares testifican que murieron muchos cristianos en ambos lados. Dios dijo que *no* y miles murieron; Dios dijo que *sí* y miles vivieron.

Luego tenemos las contradictorias *oraciones altamente personales*. Él le ruega a Dios que interceda para que termine su divorcio, pidiéndole que se efectúe un cambio en el corazón de ella. Ella ora con la misma pasión para que él la deje tranquila,

---

2 *Ibid.*

3 *Ibid.*

4 *Ibid.*

y permita que el divorcio no se prolongue y que acepte que el matrimonio está muerto.

Si hay oraciones contradictorias que penetran las emociones humanas más profundas y llaman la atención a los asuntos éticos más elevados, son las relacionadas con el trasplante de órganos humanos. Las personas involucradas raras veces se conocen. No se desearían mal el uno al otro. Dios escucha la oración de una madre de cuarenta y un años fuera de la sala de emergencias de un hospital: «Dios mío, sálvale la vida a Francisco. Pon fin al desangramiento. No permitas que se muera su cerebro. Te prometo que jamás volverá a montarse en una motocicleta. Haré todo lo que me pidas. Francisco hará todo lo que le pidas. Por favor, simplemente, por favor, no permitas que se muera mi niño». A quinientas millas de distancia otra mujer de cuarenta y dos años está al lado de la cama de su hijo, que está muriéndose por un paro cardíaco. Ella ora por un donante de órganos: «Dios mío, se nos acaba el tiempo. Si Guillermo no tiene un corazón para mañana se morirá. Señor, he hecho todo lo que puedo. Ahora te toca a ti. Por favor, encuentra un corazón apropiado y haz que llegue a tiempo. Sálvale la vida a mi hijo». Buenas personas. Oraciones sinceras. No puede ser de otra manera. No se puede compartir un corazón.

La razón más obvia por la cual Dios le dice que *no* a nuestras oraciones es porque no puede decirle que *sí* a las oraciones opuestas.

Algunas veces, en la misma oración, las peticiones de una persona son incompatibles. Con más frecuencia, dos personas consagradas que oran le piden a Dios respuestas opuestas al mismo tiempo. No podemos conocer las oraciones de todo el mundo, empero pareciera razonable suponer que las nuestras no siempre obtienen respuesta como lo deseamos porque Dios debe elegir quién tiene el *sí* y quién el *no*.

¡Qué extraño que la Biblia no esté llena de tales ejemplos! La Biblia, en verdad, no los tiene. El silencio de las Escrituras es extraño y hasta confuso:

- Quizás Dios tiene alguna habilidad sobrenatural y misteriosa para reconciliar oraciones contradictorias. En ese caso, lo que nos parece una contradicción no estaría más allá del alcance de la habilidad de Dios para cumplirlo.
- Quizás una oración opuesta es inválida. No califica como oración en manera alguna, así que Dios la rechaza automáticamente. Como unos cónyuges que cancelan mutuamente su voto, las oraciones contradictorias no cuentan.
- Quizás la Biblia no dice nada porque el misterio supera nuestra capacidad para entender. Dios prefiere que oremos de manera apropiada y dejemos que Él entienda las oraciones conflictivas. Si tratamos de resolver las contradicciones sobrepasamos el límite de la prerrogativa divina.
- Quizás las oraciones contradictorias son tan obvias que no hay buena razón para que los autores de la Biblia desperdiciaran tiempo diciéndonos lo que debemos averiguar por cuenta propia.

Vayamos con la alternativa final, y creamos que Dios no nos está escondiendo algo y que la Biblia no dice nada porque Dios espera que lo resolvamos sin explicación alguna.

¿Qué debe hacer Dios cuando escucha oraciones contradictorias? Ese es el problema que enfrenta cada padre amoroso cuando los niños piden cosas opuestas, solo que en el caso de Dios hay mucho más de por medio.

¿Qué debe hacer Dios?

Suponga que las oraciones contradictorias se ganaran meramente mediante criterios humanos:

- Quien ora con más empeño.
- Quien ora por más tiempo.
- Quien lleva más tiempo como cristiano.
- Quien tiene más fe.
- Quien promete más.

- Quien peca menos.

Ninguna de estas características son malas. Todas son parte de la dinámica interpersonal y espiritual de la oración. Simplemente pareciera prudente que las respuestas de Dios a la oración estén primordialmente basadas en su carácter y sabiduría en lugar de los atributos de la persona que ora.

Para aludir a ejemplos anteriores, suponga que un recluta consagrado en el ejército nazi orara por más tiempo, con mayor empeño, con más fe, con menos pecados y promesas mayores. Pidió victoria. Pero Dios sabe que el bien definitivo y lo correcto es un triunfo aliado. Si Dios estuviera atado por el sistema de puntos humanos se vería forzado a decir que *sí* aunque *no* es la mejor respuesta.

Una madre en un hospital, ¿desearía que el destino de su hijo se determinara por los siete años que otra madre ha sido cristiana en comparación con sus siete meses de fe? Peor aún, ¿acaso todo paciente en coma de veintiún años debe morir o vivir en base a los muchos pecados o la poca fe de un pariente cuyas oraciones ni siquiera puede escuchar? ¿Acaso no sería mejor si la elección final fuera realizada por un Dios que jamás ha pecado y cuya espiritualidad es definitiva?

Dios es el árbitro definitivo de cada ejemplo mencionado y de millones más cada día. Esas son noticias preciosas.

Contradicciones que obtienen un *no* automático

Cuando el presidente electo de los EE.UU. toma el juramento para convertirse en cabeza de estado promete sostener la Constitución de los Estados Unidos de América. Está obligado por su juramento a decir que *no* siempre que reciba peticiones contrarias a la Constitución, ya sea mediante una propuesta del Congreso, una orden de la Corte Suprema, una petición con un millón de firmas o una nota de un estudiante de escuela secundaria. Contradecir la Constitución a sabiendas es una ofensa que podría causar su despido.

Dios mismo se apega a patrones más elevados que los patrones humanos. Su naturaleza es firme, su palabra es eterna y sus patrones son irreprochables. En otras palabras, es una pérdida de tiempo pedirle a Dios algo que contradiga lo que es Él o lo que ha dicho.

¿Acaso aquellos que oran realmente le piden a Dios que se contradiga a sí mismo? Seguro que sí. Cuando las oraciones procuran injusticia o perpetuar lo que no es cierto. Cuando les falta amor. Nos alegramos porque Dios se ensordece cuando la oración es viciosa y odiosa. Cuando una oración contradice de forma ignorante la naturaleza y la Palabra de Dios podemos contar con Él para que sea compasivo, pero su *no* sigue siendo *no*. Empero, algunas veces nuestras oraciones son tan obviamente contradictorias para con el carácter de Dios que debe rehusarlas de manera automática. Esas son oraciones que merecen ser editadas o borradas antes de ser enviadas.

Dios es firme. Esa es una de sus mejores características. No es que tenga alternativa alguna, porque la firmeza forma parte de la naturaleza esencial de Dios. No se contradice a sí mismo. Todos sus atributos divinos se entrelazan perfecta y permanentemente, santidad, conocimiento, justicia, equidad, amor, sabiduría, naturaleza eterna, poder, presencia, misericordia y gracia.

Sin embargo, *nosotros* no sabemos todo lo que *Dios* conoce. Podríamos hacer oraciones totalmente contradictorias más en base a la ignorancia que en la arrogancia. Con nuestra información y perspectiva limitadas, ¿cómo vamos a saber qué orar?

Entonces, ¿cómo deberíamos orar?

¿Es la oración una lotería sobrenatural? Cien millones oran, cada uno con la esperanza de ganar, cada uno con la probabilidad de perder. Dios solo puede conceder una cantidad limitada de premios para que las oraciones contradictorias resulten, así que los ganadores serán pocos.

Tenemos más esperanza que eso. Nuestras perspectivas serían endebles si Dios no estuviera lleno de sorpresas y gracia. Él puede decir *sí* a oraciones aparentemente opuestas, y todo porque sus respuestas no están limitadas a nuestras opciones.

Dios muchas veces responde a la médula de nuestra oración aunque parezca olvidar la petición superficial. Podríamos orar por clima seco para reunir familiares en relaciones positivas. Dios convierte un paseo lluvioso en una oportunidad para la unión familiar que no habría sucedido acostado en una playa soleada. Un agricultor ora por lluvia para obtener la mejor cosecha. Dios podría usar la sequía para llevar al agricultor a sembrar una cosecha que probará ser mucho mejor.

Cuídese de no subestimar a Dios. Él no tiene nuestras deficiencias. No opera mediante métodos humanos inadecuados. Las loterías están en contra de los jugadores. Dios está comprometido con los que oramos.

Dios no puede ser subestimado aun en situaciones de vida o muerte, aunque nos resulte difícil de creer. Cuando alguien que amamos muere no hay muchas perspectivas buenas por venir. Eso fue lo que pensaron María y Marta. Pero estaban equivocadas. Jesús resucitó a Lázaro. Pero ya que a la mayoría de nosotros ese milagro nos parece un tanto difícil de aceptar, la muerte parece ser el último *no*, a menos que estemos convencidos de que la perspectiva panorámica de Dios de nuestras vidas y su historia no esté limitada a este período de vida. Eso implica mucha fe, creer que Dios pueda responder a nuestra oración por vida con muerte y aun así capturar la esencia de lo que pedimos. Los cristianos están convencidos de que se entenderá mejor la perspectiva y el plan de Dios al otro lado de la muerte, cuando todos hayamos sido levantados a la vida eterna (1 Corintios 15). Podríamos descubrir que Dios respondió afirmativamente a más de nuestras oraciones que lo que nos pareció.

Cuando las oraciones se contradicen, Dios sirve como juez que escucha toda la evidencia y ejecuta la decisión final. Es equitativo y justo. Hará lo correcto incluso si es acusado de lo contrario. Está dispuesto a realizar las imposibles decisiones difíciles que van más allá de nuestra experiencia y sabiduría.

Sus infinitas capacidades podrían resultarnos difíciles de aceptar. Pero Dios es más complicado y más capaz de lo que jamás podamos entender. Imagínese mil personas expuestas al mismo virus, algunas no son afectadas, otras se enferman un poco, algunas se enferman gravemente y otras mueren. Desde nuestra perspectiva la enfermedad parece arbitraria. Sin sentido. Pero *hay* variantes que determinan el resultado: parte del grupo de mil estaba en buena salud mientras que la otra parte estaba enferma y más vulnerable; cientos pudieron haber sido expuestos al virus temprano en la vida y desarrollaron una inmunidad de la cual jamás se enteraron; un segmento del grupo de mil podría poseer una predisposición genética que los coloca en un mayor riesgo ante la muerte que la mayoría; algunos se expusieron más que otros sin que ningún grupo supiera cuanto.

Lo que quiero decir es que lo que parece irrazonable podría sencillamente estar más allá de nuestro conocimiento. No podemos saber o procesar todas las variantes. ¡Qué poco nos parecemos a Dios! Él considera millones de factores y siempre decide de manera sabia, justa, equitativa, amorosa y congruente, a pesar de que muchas veces no podemos conocer todas las variantes que convergen en la decisión divina.

Dios no cometerá errores.

Imagínese si fuera de otra manera. Viviríamos en un mundo sin sentido espiritual y constante injusticia.

Cuando Dios le dice *no* a nuestras oraciones más importantes, podría no haber explicación o razón que nuestras emociones puedan aceptar rápidamente. Pero si Dios es Dios, es Él quien debe establecer las prioridades y no nosotros. Él ve el futuro anticipado. Conoce el final desde el principio. Solo Dios puede saber que el hijo que murió habría vivido una existencia dolorosa sin procrearse. Que está mucho mejor en el cielo que en la tierra. Solo Dios puede saber que el hijo que vivió va a tener un hijo cuyo nieto será el líder de Dios para algún gran movimiento que realizará los propósitos divinos en la tierra y cosechará beneficios eternos en el cielo. No es posible que ninguna madre pueda tener esta información o pueda integrarla adecuadamente en sus pensamientos y oraciones.

No es que establecer prioridades le resulte fácil a Dios. Él también tiene sentimientos. Comprende el dolor de sus decisiones. Recuerde que Jesús negó las peticiones de la familia de Lázaro para que viniera y sanara al moribundo. Jesús le dio más prioridad a quedarse donde estaba que salir hacia donde lo llamaron (Juan 11.6). Jesús se mantuvo distante y silencioso por dos días mientras María y Marta oraban para que su hermano viviera y entonces lo vieron morir. Jesús determinó que había una prioridad mayor que la vida, que decir *no* era «para la gloria de Dios, para que el Hijo de Dios sea glorificado por ella» (Juan 11.4). Cuando Jesús finalmente se apareció en Betania su amigo estaba muerto por lo que lloró. Su pena era tan grande que los llorones profesionales presentes se percataron de cuánto amaba a Lázaro. Tenía una prioridad mayor que la vida de Lázaro, pero eso no facilitó la elección.

Creo que es igual cuando Dios nos dice que *no*. Cuando las oraciones de sus hijos se contradicen y debe elegir una en lugar de la otra, llora por el dolor que causa su decisión. Ama a los que debe decirle que *no* y comparte su desilusión. Así como Jesús fue reprobado por su aparente insensibilidad («¿No podía este, que abrió los ojos al ciego, haber hecho también que Lázaro no muriera?» [Juan 11.37]), el hecho moderno de asignarle prioridad a las oraciones atrae crítica severa de parte de aquellos a quienes ama.

Una perspectiva aérea

En 1994, las cadenas de televisión presentaron el quincuagésimo aniversario de la invasión aliada de Normandía, llamada el Día-D. Volvieron a presentar temas y comentarios originales de la decisiva batalla. La ventaja de un quincuagésimo aniversario es que la audiencia sabe quien ganó; las películas originales, las cintas de radio y los comentarios solo podían reportar acontecimientos actuales y esperanzas futuras.

Parte de la celebración del aniversario fue una serie de actos que representaban la participación de los soldados en la invasión. Las celebraciones probablemente sean las últimas expresiones públicas de los recuerdos de hombres que ahora tienen setenta y ochenta años de edad. Algunos se pusieron sus uniformes que ya tenían medio siglo. Otros se lanzaron en paracaídas de aviones antiguos para revivir viejos momentos de temor, valentía y gloria.

Un programa de televisión presentó dos entrevistas. La primera fue a un soldado que peleó la batalla en tierra. «Estaba convencido de que era imposible que ganáramos», reportó. La otra entrevista fue a un piloto que tenía una visión mucho más amplia del conflicto. «Estaba convencido», dijo, «de que era imposible que perdiéramos».

Dios tiene una perspectiva infinitamente aérea. Ve todo lo que está sucediendo y escucha toda oración pronunciada. Cuando los que nos encontramos en el fragor de los conflictos de la vida llamamos por radio a Dios porque «es imposible que ganemos», Él replica confiadamente que «es imposible que perdamos». Por supuesto, es una respuesta de fe creer en la contestación de Dios respecto a nuestra experiencia propia. Es la misma clase de confianza que necesitan los que pronuncian oraciones contradictorias y dejan que Dios se ocupe de cuáles aceptará y cuáles rechazará. Debemos aceptar que ve lo que no podemos ver, sabe lo que no sabemos, elige más sabiamente de lo que podamos elegir, y responderá a las oraciones de la mejor manera. Cuando sus respuestas confronten nuestro sentido y experiencia se convierte en un acto de fe aceptar su perspectiva como la mejor siempre.

Afirmar que Dios solo responde oraciones ofrecidas «de acuerdo con su voluntad», parece el peor de los escapes irracionales. Aunque se dirá más en cuanto a esto en el capítulo 6, entienda aquí que todas las oraciones son actos de fe. La fe requiere tanto confianza como sumisión, confianza en el poder de Dios para actuar y sumisión a su infinita superioridad. Él es superior. Su voluntad debe dominar nuestra voluntad. Si fuera al revés, nosotros seríamos dios en lugar de serlo Él. A pesar de lo retador que pueda ser, lo «mejor» no aplica primordialmente a nosotros. Es útil primeramente a Dios. Él organiza y responde a nuestras oraciones basado en lo que le resulte mejor. Lo mejor para Dios a su vez siempre es lo mejor para nosotros.

Cada una de nuestras oraciones es potencialmente contradictoria. Debemos pedirle a Dios que elija «de acuerdo con su voluntad». Tenemos el privilegio de la petición y Dios le da la bienvenida a nuestra frecuente comunicación y nuestras múltiples peticiones. Pero como un niño que confía en el cuidado de sus padres, aceptamos por adelantado que Dios amorosamente hará lo que conoce y desea como lo mejor.

Oración al Dios congruente

Dios, que no tienes contradicción, eres sorprendente. Uno de tus muchos atributos que me atrae a ti es tu congruencia. En eso eres tan sencillo y directo; nosotros somos tan complejos y torcidos.

Gracias por hacernos a todos tan diferentes. Me gusta ser un individuo. Aunque hay problemas, me alegra que cada uno de nosotros sea lo suficientemente distinto como para poder pronunciar oraciones singulares, aunque puedan contradecirse.

No busco expresar oraciones contradictorias. Lamento ser tan frecuentemente egoísta en lo que pido. Es cierto que oro de manera competitiva, deseando ganarle a las oraciones de los que piden lo opuesto. Te pido perdón por mi egoísmo, que toleres mis contradicciones y que me des tu gracia para orar mejor.

Pero siento que preferirías que haga cualquier oración en lugar de dejar de hacerlo por temor a que mis oraciones no sean correctas. Tú enderezas con gracia todos los favores conflictivos que buscan tus hijos, con paciencia y amor y simpatía.

Que nuestras conversaciones sean más frecuentes y nuestra relación más íntima. Que entonces conozca tu voluntad, sienta tus emociones, agarre tus pensamientos, para que mis oraciones contradictorias puedan revisarse rápidamente y que pueda orar lo que deseas que ore. Amén.

CUATRO

Bueno, ¿y qué es la oración?

Cuando era niño, todas las mañanas antes de salir para la escuela, mi madre me abrazaba y hacía que orara de memoria las palabras del Salmo 19.14: «Sean gratos los dichos de mi boca y la meditación de mi corazón delante de ti, oh Jehová, roca mía, y redentor mío».

Como adolescente experimenté más apasionadamente la oración. Fue un día de fiesta en febrero cuando mis planes se deshicieron. Aunque lo que sucedió no fue muy importante en retrospectiva o desde una perspectiva adulta, en ese momento involucraba toda mi vida. Estaba solo en la casa, enojado y desilusionado. Mis emociones eran una sorprendente mezcla de lágrimas, ira y pena. Me sentí tan indefenso que me arrodillé a orar en voz alta al lado de mi cama, algo que no recuerdo haber hecho antes. Reconocí ante Dios que estaba en rebelión contra Él y le pedí ayuda. Fue un momento crucial en mi vida.

Mis oraciones de adulto han sido muy numerosas como para contarlas:

oraciones temprano en los devocionales matutinos diarios

oraciones tarde en la noche con niños enfermos o esperando
a los adolescentes
oraciones con respuestas claras y directas de parte de Dios
oraciones que nunca parecen ser escuchadas
miles de oraciones rutinarias antes de las comidas
oraciones escritas cuidadosamente en mi diario
oraciones espontáneas en la urgencia del momento
oraciones a solas
oraciones en público.

Cualquiera creería que la combinación de tiempo y práctica lo convertiría a uno en un experto en la oración, pero lo mejor que podría considerarme sería un novato. Para mí escribir en cuanto a la oración es tanto una búsqueda de entendimiento como la comunicación de un descubrimiento.

¿Sería que muchas de las oraciones que pronuncié realmente no eran tal cosa? Cuando Dios no respondió como lo esperaba, ¿sería debido a que jamás pedí como debía?

El *No* no es *No* cuando la oración no es oración

La experiencia personal dice que Dios pudo no haberse negado tan a menudo a mis oraciones como creí. Pudo no haber dicho nada porque no escuchó nada. No es que Dios sea sordo o ignorante, pero a veces nuestras oraciones realmente no lo son. Lo que llamamos orar a menudo podría ser poco menos que pensar o hablarnos a nosotros mismos. Bueno, ¿y qué es la oración?

Las definiciones de diccionario de la *oración* no ayudan mucho. Los libros acerca de la oración en mi estante siempre parecen suponer que el lector sabe qué es la oración antes de la primera página. La oración es más que pedir, aunque la mayoría de las oraciones le piden algo a Dios. La oración incluye adoración, culto, confesión, meditación, sumisión, intercesión, agradecimiento, escuchar y hasta silencio. Crear una definición que cubra un alcance tan extenso es como escribir una definición para el amor. Tanto el amor como la oración se definen mejor con la experiencia que con palabras.

¿Mi mejor y más breve definición? *La oración es comunión con Dios.*

La comunión es más que comunicación

La comunión es más que comunicación, aunque la comunicación con Dios es la base de toda oración. Las contestadoras telefónicas y la voz electrónica son comunicación, pero escasamente podrían considerarse como comunión. Me he comunicado numerosas veces con personas que llaman a mi correo electrónico con un mensaje, entonces respondo para hablar con ellos a través de su correo, y luego me contestan y se conectan de nuevo al mío. Intercambiamos información. Experimentamos pensamientos y sentimientos personales. Pero obviamente no es lo mismo que el contacto vocal.

Aquí la comunión no se refiere a un sacramento con pan y vino. La comunión significa comunicación que incluye una relación directa y cercana. Es la comunicación sin palabras entre una madre y el bebé que se amamanta de su pecho. El vínculo cercano entre los mejores amigos. La conversación entre un hombre y una mujer profundamente enamorados.

La oración es la comunión con Dios que expresa una relación entre Dios y la persona que ora. «La oración completa y verdadera», dijo San Agustín, «no es nada más que amor».[1] Cuando la oración alcanza todo lo que debe, es expresión del amor. La relación de amor es primero; la oración es el canal de comunicación para esa relación. ¡Quizás no deberíamos preguntarnos si nuestras oraciones reciben respuesta, sino si amamos a Dios y si nos estamos comunicando dentro de ese amor!

Los cristianos son personas relacionadas con Dios a través

---

1   Citado por Richard J. Foster en *Prayer: Finding the Heart's True Home* [Oración: La búsqueda del verdadero hogar del corazón], Harper San Francisco, San Francisco, 1992, p. 1.

de Jesucristo. Entran en esa relación mediante la oración y la mantienen mediante la oración. Como cualquier relación inter-personal tiene sus altas y bajas. Nos apartamos de Dios cuando pecamos y regresamos mediante la confesión y el perdón. Pero nos acercamos a Dios a medida que le expresamos nuestros secretos más íntimos. Solo Dios nos entiende y está con nosotros en las alturas de nuestro gozo y en las profundidades de nuestras penas.

La comunión con Dios es una conexión íntima, como la indescriptible mezcla de la relación entre un padre y un hijo, entre dos amantes apasionados, entre los mejores amigos, entre hermanos y hermanas, entre monarcas y súbditos.

La oración es expresar esta relación sobrenatural no solo en palabras sino en pensamientos y silencio.[2] La oración es el idioma del alma con Dios mismo.

Sé que esta definición y descripción de la oración es poten-cialmente desanimadora. Está tan apartada de la manera en la que casi siempre oramos. La persona desesperada en crisis le pide ayuda al Señor que apenas conoce. ¿Invalida esto la ora-ción? Es posible.

Compare nuestra relación con Dios con el resto de nuestras relaciones personales. Estas comienzan lentamente y a la dis-tancia. A través del tiempo o se aceleran y llegan a ser íntimas o se invalidan cada vez más por la distancia. Tenemos expecta-tivas diferentes en cuanto a: una petición de un empleado nuevo comparada con la de uno veterano, una primera cita comparada con un matrimonio prolongado, un recién nacido comparado con un adolescente que creció en el hogar. Excusa-mos con facilidad las comunicaciones torpes si la relación es nueva pero esperamos más si ha sido duradera. Dios podría excusar la ignorancia y la insensibilidad de un incrédulo o un cristiano nuevo, mientras espera mucho más de un discípulo

---

2   Véase Henri J.M. Nouwen, *The Way of the Heart* [El camino del corazón], Harper San Francisco, San Francisco, 1981, para el lugar del silencio en la oración, la vida y el ministerio cristiano, basado en la disciplina del silencio entre los Padres del desierto.

que debería saber más. Hay un vínculo inseparable entre toda comunicación y las relaciones.

El mejor ejemplo de la oración como debería ser viene de Jesús.

La oración cristiana sigue el modelo de Jesús

Aconteció que cuando todo el pueblo se bautizaba, también Jesús fue bautizado; y orando, el cielo se abrió, y descendió el Espíritu Santo sobre Él en forma corporal, como paloma, y vino una voz del cielo que decía: Tú eres mi Hijo amado; en ti tengo complacencia.

Lucas 3.21-22

Multitud de personas fueron bautizadas en el río Jordán. Estableciendo un ejemplo para sus discípulos, Jesús se ofreció voluntariamente para también ser bautizado, como nuestro bautismo nos identifica con Él, su bautismo lo identificó a Él con nosotros.

La mente de Jesús no estaba preocupada con la temperatura del agua ni su profundidad. No se concentró en la muchedumbre ni en lo que pensaban de Él. Jesús oró, y comulgó con Dios el Padre mediante su bautismo. Algo sorprendente sucedió: el cielo se abrió.

La oración es como una llave que nos abre el cielo en la tierra. La oración toca el corazón de Dios a través de la comunión, en ambas direcciones, del amor y la relación.

No hay registro de lo que Jesús dijo cuando oró; quizás su oración era demasiado privada como para expresarla públicamente. Tal vez se debe a que las palabras mismas no eran importantes.

Este es el patrón de oración para los cristianos: practiquemos la oración como una comunión de amor con el Dios que abre el cielo cuando oramos.

> Levantándose muy de mañana, siendo aún muy oscuro,
> salió y se fue a un lugar desierto, y allí oraba.
>
> Marcos 1.35

Marcos registra un conocimiento fascinante en la vida privada y el itinerario de Jesús. Se despertó *muy* temprano en la mañana, antes del amanecer, para orar a solas.

Este informe es especialmente sorprendente considerando la agenda de Jesús el día antes. La página anterior reporta que Jesús predicó en la sinagoga, fue confrontado públicamente por un hombre que se le oponía, a quien le sacó un demonio y fue perseguido por enormes muchedumbres de personas que lo presionaban a hablar con ellos y sanarlos.

La mayoría de los pastores reconocerán que quedan emocional y físicamente exhaustos luego de predicar; las siestas los domingos en la tarde son la norma en los programas de los pastores. Todos sabemos cómo nos afecta ser confrontados por alguien a quien no le agradamos, sobre todo si esa persona está llena de maldad. Es absolutamente agotador. Jesús fue tan humano como todos nosotros. Debe haber estado exhausto cuando al fin se acostó esa noche. Empero se levantó «muy temprano en la mañana a orar». Debe haber sido difícil. Debe haber estado soñoliento cuando oró.

Obviamente la oración era una prioridad demasiado importante para Jesús como para pasarla por alto. Mientras más exigencias tenía, más exhausto se encontraba, y más oración requería.

> Mas Él se apartaba a lugares desiertos, y oraba.
>
> Lucas 5.16

Jesús tuvo otro día muy ocupado y agotador. La conclusión usual para un día tal debería ser relajarse y descansar o acostarse temprano. Jesús resistió esas urgencias y encontró un lugar privado para concluir su día con oración. No es que no orara en público; obviamente lo hacía porque el Nuevo Testamento reporta las palabras de sus oraciones públicas. Sin embargo, el análisis de las prioridades y el itinerario de Jesús muestra que sus oraciones públicas solo eran una pequeña fracción de su oración. La mayoría de la comunión en oración de Jesús con Dios se daba a escondidas, en privado. Una vez les explicó a sus seguidores que: «Mas tú, cuando ores, entra en tu aposento, y cerrada la puerta, ora a tu Padre que está en secreto; y tu Padre que ve en lo secreto te recompensará en público» (Mateo 6.6).

La relación privada de Jesús con Dios nutrió su vida pública. El hábito de poner la oración primero y encontrar privacidad para ella enciende las mejores relaciones con Dios y nos nutre para todo lo demás en nuestras vidas, desde extensos y arduos días hasta retos malvados, enfermedades y hasta batallas con demonios. Es el patrón de la oración cristiana.

> En aquellos días Él fue al monte a orar, y pasó la noche orando a Dios. Y cuando era de día, llamó a sus discípulos, y escogió a doce de ellos, a los cuales también llamó apóstoles: a Simón, a quien también llamó Pedro, a Andrés su hermano, Jacobo y Juan, Felipe y Bartolomé, Mateo, Tomás, Jacobo hijo de Alfeo, Simón llamado Zelote, Judas hermano de Jacobo, y Judas Iscariote, que llegó a ser el traidor.
>
> Lucas 6.12-16

Una de las decisiones más importantes de Jesús fue seleccionar a los doce apóstoles. La elección correcta incluyó a Pedro, que declaró a Jesús como el Cristo; Mateo, Juan y Santiago, que escribieron gran parte del Nuevo Testamento; y Tomás, que fue transformado de dudoso serio a apóstol en India. Estos fueron los hombres que llevaron las buenas noticias de Jesús al mundo y para todas las generaciones futuras. La elección tenía que ser la correcta.

Durante toda la noche antes de su decisión final, Jesús oró. Podría sorprendernos que Él, con toda su sabiduría y poder sobrenatural, requiriera esa oración preparatoria. Su ejemplo debe despertarnos de una sacudida. Tomamos nuestras decisiones principales con mucho menos sabiduría y poder, por lo tanto necesitamos al menos mucha oración preparatoria.

Me impresiono cuando escucho a los cristianos decir: «Debo orar primero» antes de tomar decisiones en cuanto al empleo, el matrimonio, los contratos de negocios, el cuidado médico y otras elecciones que alteran la vida. Orar toda la noche podría ser bueno, aunque gastamos esas energías con mucha mayor facilidad en nuestras crisis de hospital que en nuestras decisiones venideras. El patrón que Jesús estableció para sus discípulos era orar *antes* de elegir, nutrir todas las decisiones en el contexto de la comunicación con Dios, en vez de parecer que tratamos a Dios como un apéndice y sello de goma para las decisiones que tomamos independientemente de su consejo.

«¡Señor, enséñanos a orar!»

Mientras ponderamos la definición de oración como «comunión con Dios» miles de pensamientos rebotan a través de nuestras mentes, sobre todo cuando vemos el patrón de Jesús. Nos preguntamos si nuestra primera oración no debería ser el ruego de los discípulos: «Aconteció que estaba Jesús orando en un lugar, y cuando terminó, uno de sus discípulos le dijo: Señor, enséñanos a orar, como también Juan enseñó a sus discípulos» (Lucas 11.1).

Su petición vino de escuchar y observar a Jesús orar. ¡Se dieron cuenta de que en realidad sabía cómo orar! Las oraciones de Jesús eran íntimas, poderosas y efectivas. Verdaderamente estaba en contacto con el Padre, y ellos deseaban experimentar lo que vieron experimentar a Jesús.

La oración es mucho más que expresarle una petición a Dios, diciéndole qué es lo que deseamos. En algunos casos, ese acercamiento es muy inapropiado, audaz y ofensivo, es como pedirle a un extraño adinerado que le entregue un millón de dólares. Usted no tiene relación con él, ningún derecho sobre él. Él meramente tiene lo que usted desea.

Millones de oraciones pueden no serlo del todo. Son deseos de fantasía. Exigencias egoístas. Tienen poco o ningún interés por quién Dios es o lo que Dios desea. Causan tanto daño que es mejor que ni se pronuncien. No son oraciones a las cuales Dios les dice *no*; ni siquiera son oraciones, en primer lugar. Lo que les falta es entendimiento alguno o esfuerzo para comulgar con Dios. Si no hay relación no hay oración.

Esta dura evaluación probablemente no le sea útil. Cualquiera que se preocupa lo suficiente como para leer un libro acerca de cómo Dios le dice que *no* a la oración es una persona que se relaciona y considera a Dios. Los cristianos consagrados se arriesgan a leer mis críticas anteriores y a comenzar a dudar de que pronunciaran en algún momento una oración válida. Donde hubo interés, ahora podría haber desesperación. Uno de los peligros de la franqueza profética es que las personas menos indicadas toman la palabra profética de corazón y aquellos a los cuales va dirigida ignoran el asunto. Así que no comience a orar temiendo que sus oraciones no lo sean. Comience con el deseo de comulgar con Dios. Que todas las oraciones crezcan a partir de esa comunión.

Hay un viejo relato que ha sido transmitido a través de tantas generaciones que su precisión es imposible de documentar. Aun así, su punto es válido a pesar de que su contenido es más leyenda que historia. Cuenta de un joven soldado atrapado en un bosque apartado del campamento de su ejército la noche antes de una gran batalla. Los vigilantes que lo arrestaron creyeron que se estaba reuniendo secretamente con un espía enemigo para revelarle secretos militares. El joven soldado fue llevado ante el comandante en jefe para una consejo de guerra sumarísimo y una probable ejecución por traición. La única defensa del soldado era que salió al bosque para orar a solas. Una excusa débil, pensaron los oficiales. El comandante le ordenó sarcásticamente al soldado que se arrodillara y orara, burlándose porque necesitaría toda la oración posible antes de ser fusilado. El joven se arrodilló y oró en voz alta con pasión y elocuencia mientras sus superiores lo miraban y lo escuchaban.

El comandante, al oír la oración del soldado, cambió de parecer. El soldado sabía cómo orar, y cuando terminó, el comandante le ordenó que se parara y descartó todas las acusaciones en su contra. «Si no hubieras pasado tanto tiempo en el campo de práctica», declaró, «no hubieras sido capaz de salir tan bien bajo el fuego de la batalla».

El joven soldado muchas veces antes había establecido con firmeza su comunión con Dios. Cuando surgió una crisis que amenazaba su vida oró lo que verdaderamente era una oración. De manera irónica, quizás estaba mejor preparado para la batalla, y posiblemente para la muerte, que cualquiera otro en el ejército.

No podemos utilizar un cheque de oración válido solamente una vez para determinar la verdadera calidad de nuestra oración. Descubrimos si nuestras oraciones son verdaderas cuando vivimos en una relación con Dios. A medida que comulgamos con Él todos los días, en todas las circunstancias de la vida, edificamos una relación íntima. Desarrollamos canales claros de comunicación. Cuando le hacemos peticiones a Dios expresamos nuestra relación, no buscamos favores.

¿Hace Dios excepciones?

¿Y si una persona no sabe qué es realmente una oración? ¿Y si es un cristiano nuevo cuando llega la crisis y no ha tenido tiempo para desarrollar una relación madura con Dios? ¿Y si no es creyente, pero dice: «Dios, ¡por favor, ayúdame!?» ¿Pasará por alto el Todopoderoso esas oraciones imperfectas porque no alcanzan su excelsa medida?

Las respuestas extremas son fáciles. La número 1 dice que «Dios es Dios. Él establece los requisitos. Si fallamos el blanco estamos fuera. No tenemos derecho a reclamar nada de Dios que no alcance sus demandas. La respuesta es *no*». La segunda respuesta extrema dice que «Dios es un Dios de gracia extraordinaria. Está tan repleto de gracia, que su generosidad frecuentemente ofende nuestros sentimientos. Dios concede las oraciones urgentes de los descalificados que oran. Su gracia es demasiado grande como para preocuparse de lo inadecuado de una oración. La respuesta es *sí*».

La verdad yace en el medio. Dios tiene tanto derecho de rechazar la oración que no es oración, como lo tenemos nosotros de no atender la llamada de un vendedor durante la cena. Dios es tan extraordinario en su gracia, que hace que la lluvia dadora de vida caiga sobre los justos y los injustos (Mateo 5.45). Decide cada caso con sabiduría. Lo que nos pudiera parecer ilógico es plenamente congruente en la mente de Dios.

Es tonto que un incrédulo o un cristiano inmaduro continúe intencionalmente presentando oraciones inadecuadas, esperando más excepciones divinas. Cuando la intención de Dios es acercarnos a una comunión consigo mismo a través de la concesión de nuestras peticiones, es triste desarrollar una estrategia de incredulidad o inmadurez y esperar que Dios continúe haciendo lo que le pedimos.

La oración siempre debe ser un medio de comunicación en la relación, donde las peticiones solo son parte de la comunicación. La oración nos deja adorar a Dios, amar a Dios, escuchar a Dios, confesarle a Dios y someternos a Dios, no simplemente hacerle peticiones.

Una respuesta mejor que un «*Sí*»

¿Y si oro y Dios dice que *no* pero mejora mi relación con Él? ¿Podría esto no ser una respuesta mejor que un *sí*? Muchas personas reconocen con franqueza que preferirían obtener lo que desean que tener a Dios. Unos pocos le venderían sus almas al diablo si fuera necesario.

Dios es el gozo más grande del cristiano, aun cuando diga *no*. Sharon Madison es editora por profesión, esposa por matrimonio y cristiana por compromiso. Como muchos de nosotros Sharon ha luchado con el rechazo de Dios a sus peticiones de oración.

Sharon refiere el libro de Lloyd C. Douglas, *The Robe* [La toga],[3] en el que un personaje femenino tiene una enfermedad que el Señor no sana. Cuando a la protagonista se le pregunta si está enojada o amargada por el rechazo de Dios ella responde que siente exactamente lo contrario. Una sanidad milagrosa, naturalmente, habría hecho que agradeciera y alabara a Jesús. En vez de eso llegó al convencimiento de que podía darle gracias y alabanzas a Jesús aun sin la sanidad. El resultado fue una relación más íntima con su Señor y una fe más fuerte en Él. Sharon dice: «Añadiré gozo a esa lista de cosas que conseguí al *no* obtener lo que deseaba. Mi salud era muy pobre durante muchos de mis primeros años como joven esposa antes que me diagnosticaran la esclerosis múltiple el día que cumplí cuarenta años. Juntamente con los frecuentes dolores de migraña y otros problemas físicos, al principio pareció imposible de soportar.

»Determiné en mi corazón que sería sanada milagrosamente. Hasta ensayé el maravilloso testimonio que comunicaría en cuanto al poder y el amor de Dios.

»Leí libros acerca de la sanidad. Me arrodillé en el altar en la iglesia y oré por ello. Fui ungida con aceite y los ancianos oraron por mí, como instruye la Escritura. Hasta fui a la iglesia de un hombre famoso por su don de sanidad cuando nuestra familia estaba de vacaciones en ese estado. Sucede que el "sanador" estaba fuera del país en ese momento.

»Entonces, como no surgieron mejoras ni sanidad, comencé a sentirme culpable. Pensé que no había seguido la fórmula de Dios para la sanidad lo suficientemente bien. Confesé todo pecado que pudiera recordar haber cometido, pidiéndole perdón a Dios por todo lo que pudiera estar bloqueando su precioso don de la sanidad.

»Cuando los sentimientos de fracaso y culpa de parte mía se hicieron más pesados que livianos, comencé a dudar de mi fe. Me cuestioné todas las creencias en las que había descansado por completo desde el momento en que me convertí a Cristo a los nueve años.

---

3 Lloyd C. Douglas, *The Robe* [La toga], Houghton Mifflin Company, Boston, 1942.

»Si Dios es tan verdaderamente todopoderoso y tan amoroso, ¿por qué restringía su respuesta a mis oraciones? ¿Y las oraciones de tantas amistades y amados que estaban preocupados por mí y mi familia?

»Justo cuando la desesperación estaba a punto de consumirme, encontré un libro acerca de la sanidad de Ron Blue. Lo leí todo, pero el asunto que me llamó la atención fue que ser sanada no era responsabilidad mía, sino de Dios. No hay una fórmula bíblica a seguir al pie de la letra para recibir sanidad. Estar enfermo no es falta mía. En la sabiduría de Dios y su amor, Él decidirá qué es lo mejor.

»Al fin pude abandonar la idea de que si era lo "suficientemente buena" Dios me sanaría. ¡Qué libertad sentí! Se me quitó una pesada carga que el gozo de Dios reemplazó.

»Hace un tiempo estuve con una pareja de nuevos amigos míos. El esposo luego le comentó a su esposa que aunque sabía que estaba adolorida, vio que irradiaba gozo. Estaba sorprendido. Yo no. El gozo está allí porque puedo confiar en Dios a través de todo, no dependiendo de su respuesta afirmativa a mis oraciones. Después de todo, ¡Él me ama!»

En comunión con Dios, Sharon descubrió una respuesta mejor que el *sí*. Ese es el mejor momento de la oración.

Anhelo de Dios

Tú eres a quien deseo, Dios. Significas más para mí que todas las respuestas a todas las peticiones que jamás se me puedan conceder. Anhelo conocerte mejor. Pienso diariamente en ti una y otra vez. Me encanta descubrir nuevas expresiones de lo que eres. Me emociona conocerte más y más.

Por favor, perdóname por todas las veces que traté de usarte. Reconozco que a menudo te he tratado como si fueras creado para mí en lugar de yo ser creado para ti. Recuerdo demasiadas «oraciones» que estaban completamente centradas en mí y en lo que deseaba, y casi ni pensaba en ti o lo que tú querías. Simplemente deseaba sacarte lo que pudiera. Lo siento.

Más que nada, sé mi Dios. Luego, en base a nuestra relación, contigo como Soberano y yo como sujeto, enséñame a orar. Enséñame a disfrutarte a ti y a nuestra comunión en silencio. Enséñame a deleitarme más en conseguir lo que deseas que en obtener lo que pueda pedir. Enséñame a pedir lo que deseas dar y a deleitarme más en tu respuesta que en mi petición.

¡Que mis oraciones verdaderamente sean oraciones! Amén.

CINCO

Las relaciones erróneas arruinan las oraciones

Vosotros, maridos, igualmente, vivid con ellas sabiamente, dando honor a la mujer como a vaso más frágil, y como a coherederas de la gracia de la vida, para que vuestras oraciones no tengan estorbo.

1 Pedro 3.7

Pedro probablemente aprendió en cuanto a las oraciones estorbadas en una manera difícil. Imagíneselo llegando tarde una noche. Había sido un día excepcionalmente laborioso. Las presiones de la vida no son exclusivas de los tiempos modernos y ni siquiera los apóstoles estaban exentos de los efectos de la tensión.

Cuando Pedro llegó no le dijo nada a su esposa, aunque ella lo esperaba ansiosamente para hablar con él. La trató como si no existiera, desplomándose en una silla y colocando su cabeza sobre una mesa. Cuando le preguntó qué andaba mal ni se molestó en responderle.

Ya tenían invitados para la cena así que era demasiado tarde para tener una noche tranquila a solas. Ella había trabajado gran parte del día preparando una cena especial para las amistades de Pedro. Iban a comer pescado fresco, algo sumamente fino en aquellos días antes de la refrigeración. Cuando casi era hora de comenzar a cocinar le pidió ayuda a Pedro. Después de todo, él era un veterano pescador que no solo sabía cómo atrapar pescado sino cómo limpiarlo y cocinarlo también. Lo que más necesitaba era ayuda con la leña. Era demasiado pesada para cargarla, así que quería que él la trajera y la arreglara.

Al fin Pedro habló. Hubiera sido mejor que se quedara callado. Sus palabras fueron cortantes y poco bondadosas. «¡No me dejas descansar ni un minuto! ¿Acaso no puedes ver que he tenido un día duro y que estoy exhausto? He realizado mi labor hoy y tú debiste hacer la tuya. La cocina es para las mujeres. A ti te toca encender el fuego. Estoy cansado de hacerlo todo por ti. ¿Qué pasa contigo?»

Muchas esposas habrían respondido. La de Pedro respondió con silencio. Arrastró la madera hasta el fuego. Limpió y cocinó el pescado. Casi no pronunció una palabra durante toda la noche.

Cuando llegó la compañía Pedro se animó. Era un extrovertido que cobraba fuerzas al estar con otros. Los invitados eran grandes admiradores de Pedro. Cada vez era más famoso y sus relatos acerca de los años con Jesús siempre cautivaban a sus oyentes. Habló por horas acerca de todo lo que dijo e hizo Jesús, en cuanto a la parte de Pedro y las alegrías de los «viejos y buenos tiempos».

Uno de los invitados de Pedro estaba sorprendentemente serio cuando dijo: «Pedro, ¡me parece que *estos* son tus buenos tiempos! Tienes una buena vida con grandes recuerdos, una esposa maravillosa y una familia consagrada. Otros cristianos han sido perseguidos y muertos, pero, por su gracia, Dios ha permitido que ustedes dos vivan. Bendice al Señor, ¡amigo mío!» Pedro tuvo que concordar; Dios le había dado vida cuando otros habían muerto y la vida de Pedro obviamente era bendecida por la mano de Dios.

En muchas maneras fue una noche buena y memorable,

excepto que Pedro actuó como si su esposa no estuviera allí. Jamás le habló. Reconoció su presencia solo cuando tuvo que hacerlo. Pedro estaba tan ensimismado en su conversación que ella no parecía importarle.

Sin duda se sentía herida y rechazada, pero esta no era la primera vez. Pedro era Pedro. Es triste que un hombre tan poderoso en la predicación y en la realización de milagros fuera tan insensible con su esposa en el hogar. Pero Pedro jamás pensó mucho en ello.

Los invitados al fin se marcharon a la medianoche. Pedro debió estar exhausto y listo para la cama, pero se sentía lleno de energía. Mientras su esposa limpiaba para luego marcharse sola a la cama, Pedro fue a su jardín a orar. Era una noche clara y cálida con una luna casi llena. Había suficiente luz como para ver mejor que al atardecer o al amanecer.

Sobre sus rodillas, Pedro oró con elocuencia. Se dirigió a Dios como «Gran Señor del cielo y la tierra. El Dios de amor y perdón. El Padre de nuestro Señor Jesucristo». Era como si tocara en una puerta que nadie respondía. Pedro no era un hombre paciente así que lo repitió todo, solo que más alto. Entonces su oración se movió a través de la larga lista de peticiones que presentó en el nombre de Jesús, salvación para sus amistades judías en Capernaum; sanidad para la hija del rabino en Nazaret; dinero para enviarlo a los pobres cristianos que habían perdido la mayoría de sus hogares y trabajos en Jerusalén; ideas para un sermón que estaba planeando ofrecer en el patio del templo la mañana siguiente.

Pedro oró y oró pero sabía que no estaba llegando a ninguna parte. Era como si algo estuviera en su camino. En cierto sentido, Dios le dijo que *no* a todo lo que pidió. En otro sentido era como si los cielos fueran de bronce y Dios ni siquiera estuviera escuchando. Nada ayudó. Pedro oró más y más alto. Se paró, se arrodilló, se tendió en el suelo. Recitó el Padrenuestro. Nada ayudó.

Exhausto de nuevo, Pedro estaba listo para rendirse e irse a la cama. Pronto amanecería y enfrentaría otro día arduo con

poco sueño. A medida que se acercaba a la casa le preguntó a
Dios una cuestión sencilla: «¿Qué pasa?» Esta vez sintió haberse
comunicado con Dios. Así que Pedro se detuvo, se sentó y
escuchó. Nada. Le pidió a Dios que guiara sus pensamientos
mientras recordaba el día de ayer y los anteriores. Confesó cada
pecado que pudiera recordar. Pensó en todos lo que pudo haber
ofendido. No parecía encontrar la clave. Deseó poder despertar
a su esposa y pedirle su consejo, pero era demasiado tarde y
había estado tan callada y tan cansada. Eso inició toda una serie
de pensamientos acerca de ella. Él la amaba. Le agradeció a Dios
por ella. Pero reconoció que no le estaba mostrando mucho
respeto. No usaba sus fortalezas para complementar sus debilidades de la manera en la que ella usaba las suyas para mejorar
sus debilidades. En escasas ocasiones le pedía que orara con él
o que simplemente celebrara la vida que Dios les había dado
para disfrutarla juntos.

De pronto, Pedro percibió todo bajo una nueva luz. Al fin
Dios respondió la oración preguntando qué andaba mal con sus
oraciones. Pedro se percató de que sus actitudes y sus acciones
hacia su esposa interferían con sus oraciones. Se propuso cambiar y pronunció una oración más antes de irse a la cama, que
Dios lo ayudara a tratar a su esposa como debía tratarla. No
durmió bien ni por mucho tiempo. Cuando se despertó la
saludó cálidamente y le pidió que lo perdonara por la manera
tan ruda en que la trató la noche anterior. Fue el comienzo de
varios días de palabras más bondadosas, obras útiles y actitudes
respetuosas hacia su cónyuge en la vida. Cerca de una semana
después le pidió que orara con él y así lo hizo. Sus oraciones se
enfocaron en el agradecimiento a Dios por sus vidas, especialmente su vida juntos.

La próxima vez que Pedro oró solo en el jardín fue varias
semanas más tarde. No que no hubiera orado a menudo, pero
esta era la primera oportunidad para una conversación extensa
con Dios a solas en el lugar en donde había intentado infructuo-
samente orar. ¡Qué diferencia! Era como aquellos buenos tiempos con Jesús. Pedro se sintió como si estuviera hablando con

su Señor cara a cara. La oración era más bien un diálogo. Habló nuevamente acerca de sus amistades en Capernaum, de la hija del rabino y de los pobres cristianos en Jerusalén. Sabía que Dios había escuchado cada petición y que entonces se dieron las respuestas celestiales o que venían de camino. El canal estaba limpio.

El sábado siguiente Pedro predicó acerca de la relación entre esposas y esposas. Su sermón iba a ser parte de un pequeño libro que estaba escribiendo. Sentado en su escritorio, escribió y reescribió las palabras que un día fueran incluidas en el Nuevo Testamento. Eran palabras tanto acerca de la oración sin respuesta como de las relaciones matrimoniales, palabras forjadas en la experiencia personal: *«para que vuestras oraciones no tengan estorbo»*[1] (1 Pedro 3.7).

Las relaciones son importantes para Dios. Cuando están mal, Él es reacio a escuchar y responder a nuestras oraciones. Nuestras relaciones descompuestas podrían ser con nuestro cónyuge, un familiar, vecino o compañero de trabajo. La relación errónea más perjudicial para la oración es una relación errónea con Dios. Si esa relación está mal, Dios podría decirnos que no oremos hasta que comencemos a obedecer.

«Entonces no ores...»

Dios le dijo al profeta Jeremías que no se molestara en orar mientras el pueblo de Judá persistía en su relación desobediente con él.

> Tú, pues, no ores por este pueblo, ni levantes por ellos clamor ni oración, ni me ruegues; porque no te oiré.
>
> Jeremías 7.16

Dios estaba harto con la nación de Judá. Bendijo paciente-

---

1 Énfasis añadido.

mente al pueblo por generaciones, empero cada vez se rebelaban más. Toda la nación se había vuelto contra Dios y practicaba las cosas que les dijo que no hicieran. Jeremías denunció públicamente los pecados nacionales de robo, asesinato, adulterio, perjurio y adoración pagana.

Dios no se había olvidado de Judá. Todavía amaba al pueblo. Simplemente sabía que responder a las apasionadas oraciones de Jeremías por ellos empeoraría a Judá en vez de mejorarla. Para atraer su atención tenía que negar sus oraciones y dejar que sufrieran las consecuencias negativas de sus elecciones.

Es como una familia en donde un niño amado se vuelve contra todos los valores sublimes de sus padres y se comporta repetidamente en maneras destructivas. El hijo pródigo solo aparece en el hogar para pedir dinero. O llama de la cárcel para pedir fianza y solicitar un abogado. Las primeras veces los padres podrían decir que sí. Pero al fin concluyen que concederle sus peticiones refuerza su mala conducta y destrucción propia. Lo difícil empero bondadoso es hacerse el sordo.

Dios toma las relaciones en serio. No tiene intención de convertirse en un vendedor impersonal de favores. Desea dar su gracia en el contexto de la amistad y la comunión. Debido a que siempre es el iniciador y nuestro extraordinariamente generoso Creador, da sin que lo pidamos y en muchas ocasiones nos concede nuestras peticiones inmerecidas. El deseo de Dios es ganarse nuestros corazones y nuestra lealtad con la generosidad. Pero, cuando ese acercamiento fracasa, lo forzamos a decir que *no* hasta que reconozcamos la importancia de una relación correcta con Él e implementemos pasos correctivos. No es que Dios desee obediencia completa o perfección excelsa antes de volver a contestar nuestras oraciones. Es que desea que nos arrepintamos (que significa «volverse y echar a andar en la dirección opuesta») antes de volver a beneficiarnos de su gracia.

El director de una denominación estadounidense me llevó a almorzar y me contó un relato penetrante en cuanto a su grupo de iglesias que llevan mucho tiempo establecidas. Estaban en un obvio y prolongado desliz hacia menos iglesias, menos miembros, menos ingresos y un desánimo moral. El liderazgo empleó a un asesor nacional para estudiar la denominación y ofrecer recomendaciones para detener el desliz y traer renovación. Luego de un extenso estudio el asesor se reunió con los líderes denominacionales. Esto fue lo que dijo: «En base a todo lo que he descubierto, esta denominación ha caído en momentos tan difíciles que no hay manera de detener su caída. En pocos años estará fuera de actividad. No tengo recomendaciones que puedan ayudar». Debido a que casi era hora de almorzar él sugirió que detuviéramos la reunión y nos fuéramos a almorzar. Se dirigió a la salida del cuarto de conferencias, dejando a un sobrio grupo de líderes atrapados en sus sillas. Alguien rompió el silencio. «¿Acaso no hay nada que podamos hacer?» preguntó.

«Lo único que se me ocurre», contestó el asesor, «es que se arrodillen y le oren a Dios pidiendo perdón. Arrepiéntanse y rueguen por misericordia». Entonces dejó el cuarto. Luego de minutos de silencio uno de los atónitos líderes salió de su silla para arrodillarse en el suelo y comenzar a orar en voz alta. Confesó los pecados de la denominación y le rogó perdón y misericordia a Dios. Uno por uno cada líder en el cuarto se arrodilló y se unió a esta oración. La reunión de oración fue espontánea y sobrenatural. Duró mucho tiempo.

Eso fue hace un par de años. Desde ese entonces la denominación ha visto un maravilloso resurgir, con renovación espiritual, crecimiento numérico en los miles, una serie de nuevas iglesias y planes enfocados a duplicar el tamaño de la denominación en los próximos cinco años.

Una vez que la relación con Dios se enderezó, sus oraciones fueron escuchadas y respondidas.

Prerrequisitos para la oración

Hay ciertas condiciones para la oración que hemos de entender si esperamos tener la clase de relación con Dios que Él desea.

Prerrequisito 1: Creer en Dios encabeza la lista. Hebreos 11.6

explica que «sin fe es imposible agradar a Dios; porque es necesario que el que se acerca a Dios crea que le hay, y que es galardonador de los que le buscan».

Es razonable que un prerrequisito de la oración fuera la creencia en Dios. ¿Por qué orar si no cree que Dios existe? ¿Acaso eso no sería como enviarle cartas a San Nicolás?

Sí, hay ateos y agnósticos que a veces le oran a un Dios que afirman que no existe. Sus oraciones son como cartas «a quien pueda interesar». Ocasionalmente, para sorpresa de todos, Dios responde a esas oraciones. Dios no contesta *por la* relación sino con el *deseo* de una relación, demostrando su generosidad. Hasta escucha las oraciones de los que lo niegan. Pero hay una diferencia en la manera en la cual Dios se relaciona con el ateo, el agnóstico u otro incrédulo. Dios escucha. Podría responder. Pero no se obliga por anticipado.

Es la diferencia entre pedirle un favor a un extraño y pedírselo a su cónyuge. El matrimonio nos compromete con la otra persona de una manera que no estamos obligados a los extraños. Dios podría escuchar con gracia y hasta contestar las oraciones de los que no son creyentes, pero son las oraciones de los que creen en Él con las cuales se ha obligado a sí mismo a escuchar y responder.

Algunos cristianos piensan erróneamente que el llamado de la Biblia a la fe significa creer que Dios responderá una oración precisamente como se pide. La fe no es fe en una respuesta. No es fe en la oración. Es fe en Dios. La fe es la creencia de que un Dios invisible es real, poderoso y personal. La fe constituye la base para que haya una relación. Solo cuando una persona se convierte en un verdadero creyente puede tener una relación que forme la base para la comunicación y la petición a Dios.

Prerrequisito 2: Una relación con Dios. Todo lo que se vincula a la oración se basa en una relación. Sin una relación con Dios simplemente hablamos con nosotros mismos. Esa relación podría ser buena o mala, nueva o vieja, cercana o distante, cálida o fría. Pero *cualquier* relación es un prerrequisito de la oración.

Cuando los discípulos de Jesús le pidieron que les enseñara

a orar, Jesús dijo: «Padre nuestro que estás en el cielo...» Sus primeras palabras expresan la relación entre los que oran y Dios el Padre. Jesús luego les dijo a sus discípulos que cuando le hablaran a Dios debían asegurarse de mencionar su propio nombre. Para Dios, una relación personal con su Hijo es la base para una relación con Él y de acceso a Él mediante la oración. Por eso es que oramos «en el nombre de Jesús».

La oración es a la relación lo que la natación es al agua. Sin esta no se puede nadar. Usted puede fingir, imitar los movimientos en la tierra seca, pero no puede nadar. Sin una relación con Dios nuestras palabras son movimientos que no van a ninguna parte y no alcanzan nada.

Mejor relación, mejor oración. Si estamos alienados de Dios debido al descuido o el pecado, nuestros canales de comunicación estarán débiles o atiborrados. Si nuestra oración es frecuente y nuestra relación es fuerte, entonces la oración será directa, íntima y efectiva. Afortunadamente, Dios siempre desea y trabaja para fortalecer su relación con nosotros. Tenemos la responsabilidad por parte nuestra de continuar adelante hacia Dios con la motivación correcta. No buscamos la amistad con Dios por lo que podamos obtener de Él sino por Dios mismo. La relación debe ser tanto el fin como el medio. Debemos satisfacernos con Dios a pesar de que nunca nos conceda una sola petición. Cuando conocemos y amamos a Dios desarrollamos la intimidad que resulta en oraciones escuchadas y peticiones concedidas.

Prerrequisito 3: Comunicación. La comunicación es el medio de la relación. Este prerrequisito puede parecer tan obvio como innecesario. En realidad, no podemos trabajar sin él.

La oración es comunicación. No es pedir. Es lamentable usar «pedir» y «oración» como si significaran lo mismo. Pedir realmente es una categoría menor para toda nuestra comunicación con Dios. Cuando las peticiones componen la mayoría de nuestra interacción con Dios nuestras oraciones se distorsionan y las respuestas positivas de parte de Él no son muy factibles.

Hay un servicio telefónico que identifica el nombre y el

número de la persona que llama. Las personas que se suscriben a este servicio aprenden rápidamente a verificar quién los llama antes de responder el teléfono. Un buen amigo recibe un saludo completamente diferente que un vendedor extraño e irritante. La diferencia estriba en la relación, el tipo de comunicación que la antecede, sea extensa o breve.

Dios responde según respondemos. La oración de un amigo que llama a menudo se encuentra con una respuesta más receptiva que la de alguien que se comunica en raras ocasiones o nunca. La oración no es mágica. No es el balbuceo de palabras memorizadas que han llegado a ser insignificantes por la ignorancia o su abuso. La oración es la comunicación enraizada en una amistad viva con Dios.

La oración es multifacética. Como cualquier otra relación, algunas veces es feliz y otras es triste, a veces calmada y razonable, otras es emocional e irrazonable, algunas veces ruidosa y otras silenciosa. Las oraciones en la Biblia ilustran una serie de expresiones:

En 1 Samuel 1.15, encontramos la *oración de desesperación* de la estéril Ana. Ella derramó su alma «delante de Jehová». Sus emociones estaban tan alteradas que casi la sacaron del templo porque parecía estar borracha cuando oraba.

El Salmo 88.1-2 es *un ruego para que Dios escuche*:

Oh Jehová, Dios de mi salvación,
Día y noche clamo delante de ti.
Llegue mi oración a tu presencia;
Inclina tu oído a mi clamor.

Sentir que Dios podría no escuchar las oraciones no es nada nuevo. Lo que sucede hoy le sucedió a los escritores de la Biblia también. Todos sabemos cuán frustrante es tener algo que decir y sentir que la persona que deseamos que oiga nuestras palabras no está escuchándonos. «Señor, oye mi voz; estén atentos tus oídos a la voz de mi súplica» (Salmos 130.2).

Quejarse es parte de la mayoría de las relaciones interpersonales y las oraciones de queja son sorprendentemente comunes en la Biblia. El Salmo 142.1-2 dice:

> Con mi voz clamaré a Jehová; con mi voz pediré a Jehová misericordia. Delante de Él expondré mi queja; delante de Él manifestaré mi angustia.

Jeremías es mucho más directo cuando se queja de que Dios lo engañó y se las arregló para que otros se burlaran de él:

> Me sedujiste, oh Jehová, y fui seducido; más fuerte fuiste que yo, y me venciste; cada día he sido escarnecido, cada cual se burla de mí.
>
> Jeremías 20.7

Quejarse a Dios parece audaz. Uno creería que esas palabras iban a ser borradas de la Biblia para que no se nos ocurriera gemirle a Dios. Sin embargo, la Biblia presenta un asunto mucho más importante en cuanto a la seguridad de nuestra relación. Un vínculo fuerte aguanta la queja y la crítica. Una relación saludable nos permite decir lo que pensamos. Dios en verdad es lo suficientemente fuerte como para lidiar con cualquier cosa que digamos y lo suficientemente sabio como para entender las motivaciones subyacentes de nuestros corazones. Las palabras y las emociones que serían inapropiadas y ofensivas si no tuviéramos un nexo son aceptables y comprensibles en nuestra buena relación.

Y, por supuesto, en algunas ocasiones expresamos *oraciones petitorias*. La mayoría de las relaciones tienen un toma y dame que incluye hacer preguntas y peticiones el uno al otro. Ciertamente Dios nos hace muchas peticiones y es justo que nosotros se las hagamos a Él. En Mateo 7.7-8 Jesús nos anima a hacerlo: «Pedid, y se os dará; buscad, y hallaréis; llamad, y se os abrirá. Porque todo aquel que pide, recibe; y el que busca, halla; y al que llama, se le abrirá». Lo que Jesús promete parece la despedida de un hijo o hija de dieciocho años que parte a la universidad: «Si necesitas algo, pídelo. Si andas buscando algo, deja que te ayudemos a encontrarlo. Si te enredas en algo llámanos a casa para resolverte las cosas». Los padres quieren que les pidan. Los padres desean ayudar y dar. Dios es nuestro Padre celestial que comparte el mismo deleite en su relación con nosotros. Él añade más ánimo en Filipenses 4.6-7: «Por nada estéis afanosos, sino sean conocidas vuestras peticiones delante de Dios en toda oración y ruego, con acción de gracias. Y la paz de Dios, que sobrepasa todo entendimiento, guardará vuestros corazones y vuestros pensamientos en Cristo Jesús».

A veces orar es *apasionante*: «Y Cristo, en los días de su carne, ofreciendo ruegos y súplicas con gran clamor y lágrimas al que le podía librar de la muerte, fue oído a causa de su temor reverente» (Hebreos 5.7). En el contexto de una relación impecable con su Padre, Jesús oró con poderosa emoción, aun con gritos y lágrimas. Jesús se introducía en sus oraciones, pero jamás fue irreverente o rebelde. Esto no quiere decir que nuestras oraciones deben o puedan ser constantemente apasionadas, pero podríamos estar reprimiendo nuestras oraciones si ocasionalmente no son tan emocionales como cualquier otra cosa que digamos. Cuando gritemos o lloremos no dejemos de perder de vista quién es Dios, imitando la reverencia y la sumisión de Jesús.

A veces orar es *silencioso*: Romanos 8.26 describe momentos cuando simplemente no sabemos qué orar y el Espíritu tiene que orar por nosotros. Llegamos al final de nuestras palabras y, en silencio, le permitimos al Espíritu Santo que tome las cosas en donde las dejamos.

Todos estos ejemplos demuestran que la oración siempre sucede en el contexto de una relación interpersonal con Dios. En nuestras relaciones se refleja la manera en la que nos vinculamos con Dios, ya sea la relación entre cónyuges, padres y niños, y con los mejores amigos; a veces apasionadas, otras silenciosa, alabando, rogando, consolando y otras quejándonos. La oración comunica de muchas maneras, todas dentro de una relación con Dios.

Una buena relación mediante la oración

Para orar hay que comenzar. Muchos oramos poco porque jamás comenzamos. O no oramos porque sabemos que nuestra relación con Dios no es buena. Tememos pronunciar oraciones mediocres.

La persona con el verdadero deseo de una relación correcta con Dios lo agradará a Él y trabajará para mantener y mejorar esa relación. Entre los personajes bíblicos, David y Pedro modelan bien una relación íntima con el Señor. Dios se comunicó de manera frecuente con David, y la rica intimidad que tuvieron se revela en los salmos de David. Pedro estaba en el círculo interno de los discípulos que eran los mejores amigos de Jesús. Tanto David como Pedro parecían candidatos dudosos para esa clase de relación estrecha. David era un adúltero voluntarioso y un asesino que provocó y ofendió a Dios con sus pecados. Pedro negó públicamente haber conocido a Jesús, separándose del Salvador en sus horas más difíciles. Con franqueza, he luchado para entender cómo estos dos hombres pudieron ser tan favorecidos por Dios cuando pecaron tan deliberada y abiertamente. Sin embargo, vemos que tenían el corazón en Dios, es decir, deseaban con pasión una relación íntima con su Señor aunque hubo ocasiones cuando se comportaron de una manera completamente diferente a la que creyeron. El patrón general de sus vidas se sobrepuso a estas espantosas excepciones.

Para los que tenemos corazones para Dios, la oración es la manera en que restauramos o fortalecemos la intimidad que produce la oración efectiva. No importa cuán lejos nos sintamos de Dios, simplemente comencemos a orar de corazón con las mejores palabras que podamos pronunciar. No podrán salir de inmediato, pero Dios escucha nuestros corazones más que nuestras palabras.

Pregúntele a cualquier padre en cuanto a la «manera correcta» de que un niño llame a casa y recibirá una mirada extraña. Los padres que aman a sus hijos saben que no hay ninguna manera correcta. Día o noche, larga o corta, se alegran de que los llamen. Los hijos y las hijas pueden llamar a casa cuando no tengan nada especial de qué hablar o cuando enfrenten las crisis más grandes de la vida. Está bien que llamemos a mami o a papi para contarles algo o para llorar, directamente o por cobrar. Simplemente no hay «una manera correcta».

Así que no se preocupe en cuanto a que la oración salga «correcta». A Dios le encanta escuchar de parte suya, en cualquier momento, en cualquier lugar, sobre cualquier tema. Le puede pedir dinero, rogar por comodidad o simplemente hablar en cuanto a lo que sucedió en la oficina durante el día. Durante el transcurso de su relación sus oraciones alcanzarán toda la gama de emociones, sobre cada asunto y sobre cada cosa. Dios tiene una tolerancia sorprendente. Él entiende. Da la bienvenida. Así que no lo olvide. No se lo pierda. No lo trate como si no estuviera allí o como si estuviera de último en su lista.

Cómo convertir el *no* en intimidad

Entonces, ¿qué puede hacer cuando escuche un silencioso *no* de Dios debido a una relación errónea?

Si esa relación es con su esposo o esposa, pregúntele a Dios qué es lo que debe hacer para que esa relación sea buena y obedezca lo que Él le diga. Aun si su esposa no responde, haga lo correcto según Dios.

Si la relación incorrecta es con otro cristiano, siga el procedimiento en Mateo 18.15-20. Vaya a la persona a solas y trate de enderezar las cosas. Si eso no resulta, regrese con otro cristiano como tercer intento útil. Si tampoco resulta, vaya a la iglesia para buscar ayuda para enderezar la relación. Si usted es quien ha ofendido a alguien, pida perdón y haga restitución. En otras palabras, haga todo lo posible para estar en buenos términos con otras personas. Respecto a Dios, esta es una parte básica para seguirlo, crucial para una vida positiva de oración. Cuando no estamos dispuestos a hacer que nuestras relaciones con otros sean buenas, nuestras oraciones se dificultarán. Debido a que Dios es el Padre de todos los pueblos, valora la manera en que tratamos a otros; nuestra relación con Él es impactada por nuestras relaciones con los hijos de Dios.

Si la relación incorrecta es con Dios, crea que Él desea mejorarla. Trata de alcanzarnos a todos con amor y gracia. Acoge nuestro reconocimiento del pecado con la promesa de que perdonará cualquier cosa que confesemos (1 Juan 1.9). Nos da sus expectativas en la Biblia para que conozcamos lo que es correcto y procuremos hacerlo.

El silencio ocasionado por las malas relaciones se traspasa cuando tenemos un corazón para Dios, tomando la decisión de encender el deseo de amar a Dios con toda nuestra pasión. Sabemos de antemano que no vamos a actuar de acuerdo a nuestros propios patrones, muchos menos a los de Dios, ¡pero realmente deseamos hacerlo! Lo más importante es esto: que *realmente deseamos a Dios*.

Jesús nos da una manera directa de decir todo esto.

> Amarás al Señor tu Dios con todo tu corazón, y con toda tu alma, y con toda tu mente ... Amarás a tu prójimo como a ti mismo.
>
> Mateo 22.37, 39

Recuerde que todo eso tiene una condición. Si comenzamos con el deseo primordial de hacer que Dios cambie su *no* en *sí* para que nos dé lo que le pidamos, estamos condenados al fracaso. Jamás encontraremos la intimidad que buscamos si Dios es meramente el medio para el fin de obtener lo que deseamos. Eso es usar a Dios, no amarlo. El *sí* de Dios es un beneficio, un efecto secundario, de una relación íntima con Él. La ironía es que la persona que verdaderamente ama a Dios y tiene una relación íntima con Él se preocupa poco por conseguir respuestas positivas a sus peticiones. Cuando una persona tiene un vínculo de corazón a corazón con Dios, ya las otras cosas no importan tanto como antes.

Entienda que jamás debemos hacer de Dios un medio para

obtener lo que deseamos. Nuestro deseo es Dios mismo. Cuando lo tenemos a *Él* todo cae en su lugar.

Las buenas relaciones

Las buenas relaciones son todo para ti, maravilloso Dios. Odias al pecado que nos mantiene separados. Nos amaste lo suficiente como para enviar a tu Hijo a enderezar los problemas entre nosotros. Estuviste dispuesto a sufrir y morir para tener una buena relación conmigo. Estoy tan agradecido.

Ahora quiero tener contigo y otros la clase de relaciones que deseas que tenga.

Confieso que he sido orgulloso y egocéntrico. Le he dado más importancia a mis deseos egoístas que a las necesidades ajenas. He tratado a otros como objetos a fin de usarlos para mis propósitos. Todo esto es pecado. Por favor, perdóname.

Muéstrame las malas relaciones en mi hogar, el trabajo, la iglesia y la comunidad. Ayúdame a hacer lo correcto y a amar y tratar a otros como tú los amas y los tratas.

Pero, sobre todo, anhelo una buena relación contigo. Deseo tener un corazón para ti. Tengo un corazón para ti. Perdóname por mi inadecuado deseo de tener una buena relación contigo para conseguir lo que quiero de ti. De hoy en adelante eres la meta de mi vida y el deseo de mis afectos. Te oro por más de lo que puedas hacer. Deseo respuestas a la oración como producto de nuestra amistad, no como razones para ella.

Te amo por lo que eres, no simplemente por el bien que puedas darme.

Te amo. Amén.

SEIS

Dios desea algo diferente

Como muchas jóvenes soñó con ser madre cuando creciera. «Me pasé gran parte de la niñez cuidando mis muñecas, orando para que cobraran vida, bañándolas y "alimentándolas". A los doce años me convertí en una mujer y recuerdo haberle agradecido a Dios, sabiendo que un día procrearía niños. Me sentí feliz, tierna y contenta».

Pero los sueños de esta mujer de Minnesota no se hicieron realidad. «Cuando tenía veintinueve años, después de siete años de matrimonio, se nos dijo que no podíamos tener niños. La adopción no era la opción, mi esposo se sentía "indigno". Estaba devastada porque mi oración no fue contestada».

Pero Dios tenía algo diferente para ella. Ahora a los sesenta y dos años de edad, reflexiona con una perspectiva madura. Ella afirma que: «Dios respondió de una manera en la cual no habíamos pensado —el cuidado adoptivo de infantes—, tantos maravillosos meses cuidando recién nacidos. Entonces, llegó otra respuesta a la oración, la agencia de adopción *nos pidió* que adoptáramos permanentemente a un niño que en ese entonces estaba en nuestro hogar. *Nos pidieron* que lo adoptáramos. Mi esposo no pudo rehusarse. Treinta y dos años después, le agradezco a Dios por su respuesta a nuestro deseo de ser padres a su tiempo y a su manera: dos hijas y dos nietos».

Jesús dice que podemos pedir cualquier cosa en su nombre y Dios nos la dará:

«De cierto, de cierto os digo: El que en mí cree, las obras que yo hago, Él las hará también; y aun mayores hará, porque yo voy al Padre».

Juan 14.12-14

«Todo lo que pidiereis al Padre en mi nombre, Él os lo dé».

Juan 15.16

«En aquel día no me preguntaréis nada. De cierto, de cierto os digo, que todo cuanto pidiereis al Padre en mi nombre, os lo dará».

Juan 16.23

Pese a que Jesús insiste en que esto es la verdad, muchos están en desacuerdo. Oran a Dios en el nombre de Jesucristo, y *no* reciben lo que pidieron. Para los cristianos que creen haber satisfecho los requisitos de Dios, el no escuchar el *si* de Dios les estremece la fe. Contaron en una promesa tan clara. Dios no satisfizo su parte del contrato. Esto hace que muchos se pregunten si se puede confiar en Dios o en cualquier otra cosa que Jesús afirme como cierta.

Empero hay mayor conocimiento en 1 Juan 5.14:

«Y esta es la confianza que tenemos en Él, que si pedimos *alguna cosa conforme a su voluntad*, Él nos oye».[1]

---

1 Énfasis añadido.

El autor que registró las citas anteriores de Jesús es el mismo Juan que escribió esta ampliación tardía. Ya que hubo años entre los escritos, Juan pudo haber enfrentado crítica de parte de cristianos que creyeron a ciencia cierta las palabras de Jesús y se desengañaron. En 1 Juan 5.14 casi cita a Jesús, pero añade una condición: las peticiones tienen que ser «conforme a su voluntad» para que sean concedidas.

Para algunos esta respuesta podría ser iluminadora. Para muchos es perturbadora. Como cristianos, deberíamos desear agradar a Dios en nuestras oraciones y no querer nada que Él no desee. Hay consuelo en saber que Dios no concede de manera automática los deseos a los que se opone. Por otra parte, todo el debate parece basado en un razonamiento circular. Si Dios solo concede lo que quiere, ¿por qué orar? ¿Acaso Dios no hará lo que le venga en gana? ¿Puede haber prueba del poder de Dios o de la efectividad de la oración si solo dice que *sí* cuando concuerda? ¿Acaso no convierte eso a la oración en algo demasiado nítido y seguro? Cada vez que no conseguimos lo que deseamos podemos cubrir la reputación de Dios diciendo que seguramente no fue conforme a su voluntad.

Este es un asunto serio para cualquier sistema de creencia de un cristiano. Puede ser un enorme problema del corazón de cristianos sinceros que se sienten frustrados por el conocimiento de que no pueden discernir por completo la mejor voluntad de Dios hasta después de haber orado. Con eso basta para que muchos no oren.

La respuesta oficial

El evangelista estadounidense del siglo XIX, D.L. Moody, les habló en una ocasión a algunos de los niños de Edimburgo. Para atraer su atención comenzó con una pregunta: «¿Qué es la oración?» Pretendía que fuera una pregunta retórica, un acercamiento peligroso con los niños. Muchos de ellos levantaron sus manos para responder, como si estuvieran recitando en un salón escolar. Moody llamó a un niño que se paró y dijo con una alta y clara voz: «La oración es una ofrenda de nuestros deseos ante Dios por cosas que concuerden con su voluntad, en el nombre de Cristo, con confesión de nuestros pecados y el agradecido reconocimiento de sus misericordias». A esto Moody contestó: «Gracias a Dios, niño mío, ¡que naciste en Escocia!»

No estoy seguro que la presta respuesta del niño se debiera únicamente al hecho de que viviera en Escocia, pero recitó la respuesta oficial del catecismo ante la pregunta de Moody tal y como se enseñaba en la Iglesia de Escocia (Presbiteriana). Para que nuestras peticiones de oración sean efectivas debe concordar con Dios. Él no concede de manera rutinaria peticiones que reconoce como erróneas, contrarias a sus valores o a sus grandes propósitos.

Si Dios no requiriera que las oraciones sean «conforme a su voluntad» para que responda afirmativamente, ya no estuviera trabajando como Dios. Sería meramente el peón de las oraciones humanas, o una máquina cuyos poderes son ejercidos por humanos que aprietan el botón de la oración. Las consecuencias serían de largo alcance y desastrosas. Se responderían oraciones para recibir ayuda en robos, violaciones, abusos y asesinatos. Los pecadores usarían las oraciones para violar los Diez Mandamientos. La oración uniría lo peor de la pecaminosidad humana con el poder ilimitado de Dios. No solo se comprometería Dios, sino que sería destruido. La lógica más sencilla requiere que las respuestas positivas a las oraciones humanas deben ser limitadas y controladas.

Sin embargo, la mayoría de nosotros no oramos por destreza para robar un banco o fortaleza para asesinar un enemigo. Nuestras oraciones usualmente parecen congruentes con todo lo que creemos que Dios quiere. Oramos por la paz de Jerusalén, la salvación de los perdidos, la sanidad de las amistades íntimas, la salud de las iglesias cristianas, la sabiduría para tomar decisiones inteligentes. ¿Cómo es posible que cualquiera de ellas sea contraria a la voluntad de Dios? Y de ser congruentes con la voluntad Dios, ¿por qué Dios titubea o rehúsa conceder-nos nuestras peticiones?

Historias verdaderas

Historias verídicas de hombres y mujeres que oraron por una cosa y recibieron otra a menudo son relatos poderosos de la agradable sorpresa de la voluntad de Dios.

Una señora que ya no trabaja, por ejemplo, oró a Dios para que convirtiera a su hijo en un buen estudiante, lo que parecería una oración totalmente apropiada para una madre. ¿Cómo es posible que Dios lo vea de otra manera? La madre explica que «rogué por años, me lamenté y traté de persuadir a Dios, pidiéndole que hiciera de mi hijo un buen estudiante. Él mantuvo a sus compañeros de clase y a sus padres riéndose con declaraciones sarcásticas. En segundo grado hizo dieciocho páginas de su libro de matemáticas, ¡durante todo el año! Su año final en la secundaria anticipábamos con mucha tensión su posible graduación. Una universidad lo aceptó. Luego de tres años y muchas clases, la abandonó. No pagamos por malas calificaciones, así que tuvo que conseguir un trabajo para pagar por muchas clases. Los clientes lo recomendaron por su ardua labor. Alquilaba apartamentos para una compañía administradora. Esto lo llevó a buscar una licencia de bienes raíces. Amaba las clases y le fue bien. Hoy es un agente de bienes raíces muy exitoso, padre y cristiano. Contribuye con su escuela secundaria y es presidente de la clase de egresados. Dios jamás lo convirtió en un buen estudiante académico, sino que más bien hizo de él un hombre de gran carácter. Dios le dio mayor amor por Cristo y la gente».

Esta madre oró sinceramente por su razonable voluntad. Dios dijo que no y le dio su mejor voluntad. Era difícil ver la mano afectuosa de Dios y creer en aquel entonces lo que ahora ha llegado a ser obvio.

El mismo principio está escrito en el relato de Kathy Healy en cuanto al dolor y la maternidad. Su batalla con la enfermedad comenzó cuando tenía quince años y enfermó crónicamente. «Durante los siguientes cinco años tuve tres operaciones serias y me pasé casi 350 días en el hospital. Le tomó bastante tiempo a los médicos diagnosticarla. Tenía "síndrome de compresión de la arteria celíaca". Es un trastorno muy raro que implica a la arteria celíaca, y lo sufren principalmente las personas mayores».

Kathy proviene de un hogar cristiano, así que su familia y sus amistades comenzaron a orar. Oraron por un milagro. Ella dice: «También oré por sanidad. El Señor me dio paz en cuanto a mi enfermedad. Jamás dudé que esta había venido con algún propósito. Aunque nunca dudé, me pregunté si encontraría una explicación.

»Bueno, veinte años después la encontré, representada en mi hija de nueve años. Estaba enferma, con mucho dolor, y perdió quince libras en tres semanas. Era muy posible que no viviera por muchas semanas más. Pude sugerirles a sus médicos que ella podría tener un desorden raro en la arteria cerca de su corazón. Y aunque pensaron que sería muy dudoso, porque no podía acontecer en un niño, los médicos lo investigaron y encontraron la misma condición que yo. Pero tuvieron que reconocer que era algo que jamás habrían buscado. ¡Nunca escucharon de algo así! Y aunque mi hija todavía tiene que lidiar con el dolor diario, está con nosotros y puede florecer. Ahora *ella* se pregunta por qué el Señor ha permitido que pase por esto. Pero también confía en la voluntad de Él».

El relato de Kathy probablemente se repite un millón de veces al día. Alguien ora por algo que Dios niega y entonces usa su «respuesta equivocada» para alcanzar otra cosa, quizás una generación o hasta generaciones posteriores. La voluntad de Dios se ejecuta en muchas áreas aparte de lo físico. La gran distinción de Kathy es que confió desde el principio en que Dios tenía un propósito mayor independientemente de que ella pudiera reconocerlo o no.

Aunque es bueno escuchar que la mejor voluntad de Dios triunfa en los casos de infertilidad, adopción y los diagnósticos médicos que salvan vidas, la mayoría de nosotros ora acerca de asuntos más mundanos como trabajo, dinero, casa, escuela, iglesia y amistades. Ese es el relato de la familia Clark mientras consideraban mudarse en 1976. Titubearon entre remodelar su vieja casa o encontrar una nueva. Se fueron de compra y encontraron una que les encantó en un solar al lado de un lago. El día que pusieron su antigua casa a la venta hicieron una oferta para el «hogar de sus sueños», solo para descubrir que la habían vendido esa mañana. El desengaño se convirtió en deleite tres semanas después cuando una casa más nueva salió a la venta, en el mismo lago, y cinco mil dólares menos. La compraron, se mudaron y decidieron que su nueva casa era mejor que lo que esperaron. Ann Clark añade un interesante epílogo a su relato. La semana después que la «casa de sus sueños» se les escapó de las manos, asistió a un grupo de oración del vecindario. El líder comenzó pidiendo a alguien del círculo que testificara de alguna respuesta reciente a una oración. «Cuando dije que Dios había respondido a mi oración con un *no*», dice Ann, «obtuve una reacción un tanto helada. Entonces no sabíamos qué nos deparaba el futuro. Pero aparentemente no estaban familiarizados con una respuesta *negativa* de Dios».

Demasiado pequeño para ver

Ruth Graham añade su perspectiva a las oraciones sin respuesta en un relato personal:

Él no era tan alto como para ver el panel del auto que yo manejaba.

—Mami, ¡apúrate! —urgía.

Pero era muy pequeño para leer las señales del camino que decían setenta kilómetros por hora. Al comenzar a frenar, me exigía:

—¿Por qué te detienes?

—Hay un autobús escolar que acaba de parar —le expliqué.

Pensé: «Así soy cuando oro». Espiritualmente soy demasiado joven para leer las señales del camino, demasiado pequeña para ver lo que yace adelante. Empero, muy a menudo cometo el error de decirle a Dios cómo hacer las cosas.

Podemos hacer nuestras peticiones, pero jamás insistamos en salirnos con la nuestra a menos que lleguemos a ser como aquellos de los cuales se dijo: «Y Él les dio lo que pidieron; mas envió mortandad sobre ellos» (Salmos 106.15).

Podríamos orar con una fe infantil, sencilla, de manera urgente y persistente. Pero siempre debemos orar: «Que se haga tu voluntad».[2]

La oración siempre requiere fe, fe en la existencia de Dios, fe en que Dios escucha, fe en el poder de Dios, fe en la bondad de Dios y en la respuesta de Dios. Ruth Graham nos llama a la fe en la soberanía de Dios. Él sabe lo que nosotros no sabemos. Ve lo que nosotros no vemos. Cada vez que presentamos nuestras peticiones y agregamos «que se haga tu voluntad» no abdicamos a la fe o excusamos a Dios por la posible falta de respuesta. Al contrario, reconocemos que somos humanos mortales limitados por el tamaño, el conocimiento y la pecaminosidad. Como el niño, estamos libres para hablar lo que queramos. Como el niño, estamos agradecidos por un Padre que conoce lo mejor y establece límites más altos en nuestras peticiones menores.

Cuando la voluntad de Jesús era diferente

Jesús enfrentó el mismo problema de oración que nosotros. Aunque era y es plenamente Dios, todavía es capaz de pronunciar oraciones contrarias, y sujetas, a la voluntad de Dios el Padre. Es uno de los conocimientos más sorprendentes que tenemos acerca de la vida de Jesús y su relación con el Padre.

---

2 Ruth Graham, «By the Way» [Por el camino], *Christianity Today*, 4 de septiembre 1981, p. 35.

La noche antes que Jesús fuera crucificado ya sabía lo que le venía. Para cualquiera de nosotros enfrentar la muerte es bastante difícil, pero las circunstancias de Jesús eran singulares. Es muy raro que alguien sepa cuándo y dónde morirá. A pesar de que podríamos decir que nos gustaría tener una advertencia, realmente preferimos enfrentar la muerte por sorpresa. Jesús sabía que su tiempo llegaría en menos de veinticuatro horas.

La muerte por crucifixión es una manera tortuosa de morir. Los romanos usaron esta forma de pena de muerte como oposición al crimen, clavando hombres a cruces colocadas en las avenidas públicas. La muerte llegaba poco a poco, frecuentemente después de varios días. La pérdida de la sangre no bastaba para terminar una vida. La causa definitiva de muerte usualmente era la exposición a la intemperie, la sed o la asfixia. Requería mucho esfuerzo para que la víctima respirara, levantándose en la cruz para inhalar y exhalar. Como si todo eso no fuera suficiente agonía, a los crucificados se les humillaba con su desnudez total y las burlas verbales de los curiosos.

Jesús fue tan humano como nosotros, no en balde no quería ser crucificado. También era plenamente divino. Siempre existió como Hijo de Dios. La muerte le resultaba extraña, el acto más apartado de la deidad. Pero el mayor horror era, como Dios-Hombre, que se le transfiriera el pecado humano en la crucifixión. «Al que no conoció pecado, por nosotros lo hizo pecado, para que nosotros fuésemos hechos justicia de Dios en Él» (2 Corintios 5.21). El pecado le resultaba absolutamente repulsivo a Jesús, no obstante llevó los nuestros en la cruz.

A medida que se acercaba el día de su crucifixión Jesús deseaba estar solo. Quería orar. Su oración era por el amor y la fortaleza que sabía que el Padre le daría. Oraba por una manera de evitar la crucifixión. Fue a uno de sus lugares favoritos en el Monte de los Olivos, justamente al este de Jerusalén.

Entonces llegó Jesús con ellos a un lugar que se llama Getsemaní, y dijo a sus discípulos: Sentaos aquí, entre tanto que voy allí y oro. Y tomando a Pedro, y a los dos hijos de

Zebedeo, comenzó a entristecerse y a angustiarse en gran manera. Entonces Jesús les dijo: Mi alma está muy triste, hasta la muerte; quedaos aquí, y velad conmigo. Yendo un poco adelante, se postró sobre su rostro, orando y diciendo: Padre mío, si es posible, pase de mí esta copa; pero no sea como yo quiero, sino como tú. Vino luego a sus discípulos, y los halló durmiendo, y dijo a Pedro: ¿Así que no habéis podido velar conmigo una hora? Velad y orad, para que no entréis en tentación; el espíritu a la verdad está dispuesto, pero la carne es débil. Otra vez fue, y oró por segunda vez, diciendo: Padre mío, si no puede pasar de mí esta copa sin que yo la beba, hágase tu voluntad. Vino otra vez y los halló durmiendo, porque los ojos de ellos estaban cargados de sueño. Y dejándolos, se fue de nuevo, y oró por tercera vez, diciendo las mismas palabras».

Mateo 26.36-44

Para entender lo que sucedió aquí necesitamos cierto trasfondo. El Hijo de Dios, dicen los teólogos, es *una* de las *tres* Personas eternas de la Trinidad, «persona» definida como que posee intelecto, emoción y voluntad. Así que mientras que la Trinidad es *un* Dios, el Padre, Hijo y Espíritu, *cada* uno tiene su propia mente, sentimientos y voluntad. Esto ayuda a explicar por qué Jesús muchas veces dijo que había cosas que conocía el Padre pero Él no, como el tiempo exacto de acontecimientos futuros. Cuando el Hijo se convirtió en humano en la persona de Jesús, cedió parte del uso independiente de sus atributos divinos, llegó a ser temporalmente dependiente del Padre y del Espíritu para su conocimiento y poder.

Jesús todavía era Dios, empero una persona independiente. Tenía una voluntad propia. El Padre deseaba que Jesús muriera en la cruz. Jesús no quería morir. Cuando el Padre y Jesús vieron al futuro, eligieron cursos de acción opuestos. Indudablemente la humanidad de Jesús tuvo una parte significativa en su deseo de vivir.

Cuando Jesús oró en el jardín de Getsemaní le pidió específicamente al Padre que encontrara alguna manera para evitar la crucifixión. Rogó no tener que beber esta «copa» de muerte, que le fuera quitada. Jesús aparentemente sabía qué era lo que el Padre deseaba en cuanto a eso, que se realizara la crucifixión tal y como fue planificada. Sin embargo, oró por otra manera. La respuesta del Padre fue un compasivo pero claro *no*. Debido a que el Padre amaba al mundo insistió en que Jesús muriera (Juan 3.16).

Jesús hizo exactamente lo que hacemos cuando deseamos algo que Dios no quiere para nosotros. Pidió nuevamente, solo que la segunda ocasión «oraba más insistentemente» (Lucas 22.44). Mientras Jesús le pedía este favor a Dios su pasión fue tan grande que «era su sudor como grandes gotas de sangre que caían hasta la tierra» (Lucas 22.44). No había falta de fe. No había problema con la relación Padre-Hijo. Jesús oró lo más intensamente posible. Pero aun así la respuesta fue negativa.

Jesús no se rindió fácilmente. Oró otra vez de la misma manera y con las mismas palabras. Como nosotros, esperaba que su insistencia hiciera que Dios cambiara de parecer. Como nosotros, no estaba dispuesto a recibir una respuesta negativa. Como nosotros, oró lo mejor que pudo para conseguir lo que quería. Pero la respuesta no cambió.

Jesús sin duda entendió qué era lo mejor. Podía entender por qué el Padre lo motivó a avanzar. Entonces, ¿por qué estuvo en desacuerdo con Dios? Porque nuestro pensamiento, sentimiento y elección no están separados. Cada parte de nosotros influye en otras partes nuestras. Una decisión no puede ser puramente intelectual como tampoco puede ser emocional por completo. Aunque Jesús conocía intelectualmente que el propósito de su vida era morir en la cruz, su voluntad aún deseaba vivir. El intelecto no gobierna las decisiones que tomamos.

De mayor significado aún es que cuando la voluntad de Jesús chocó con la del Padre se sometió, aunque la desilusión y el costo no pudieron ser mayores. Al final, la elección de Jesús fue obedecer la voluntad de su Padre. Estaba convencido de que la elección de su Padre sería definitivamente probada como correcta.

Jesús estaba a solas cuando Dios le dijo *no* a su serie más apasionada de oraciones. Sin embargo, la ocasión y el contenido de las oraciones se reportan en múltiples ocasiones en el Nuevo Testamento. ¿Cómo pudieron los biógrafos de Jesús conocer en cuanto a sus conversaciones confidenciales con el Padre? Jesús debe haberles contado. Y lo decía entre otras cosas para ayudarnos cuando oramos.

Del ejemplo de Jesús podemos aprender algunas de las lecciones más importantes de la oración:

1. *Nuestros deseos personales contrarios a la voluntad de Dios no son necesariamente malos.* Jesús no pecó cuando deseó su voluntad y oró para que las cosas salieran a su manera en vez de a la del Padre. Dios conoce nuestra individualidad y reconoce la independencia de cada voluntad humana. No hay nada malo con desear algo distinto a lo que Dios quiere para nosotros.

2. *Nuestras peticiones repetidas son adecuadas, aun luego de que Dios diga que no.* Dios podría cambiar su *no* en *sí*. Pero aun si Dios dice que *no* Él acoge nuestra comunicación continua. Nos ayudará a través del difícil proceso de la desilusión. Entiende cuando deseamos algo de tal manera que somos lentos en aceptar el *no* como respuesta final.

3. *Nuestro propósito final es someternos a la voluntad de Dios, concordemos o no.* No creo que Jesús dejara el jardín esa noche completamente persuadido. No estaba más entusiasmado con la crucifixión cuando salió que al llegar. Siguió siendo muy duro para Él, es más, ¡casi murió anticipando la muerte! Sin embargo, su mayor y definitiva elección fue doblegar su voluntad para que se conformara a la del Padre. Eligió seguirle la corriente a lo que Dios deseaba aunque no tenía inclinación a hacerlo. Eso no es fácil en los momentos más difíciles de la vida. No lo fue para Jesús, y no lo será para nosotros. Como cristianos, tomamos esa elección definitiva por la fe, convencidos de que Dios está en lo correcto aun si no podemos ver o concordar con ello, habiendo determinado por adelantado seguir la voluntad de

Dios a pesar de que preferiríamos no hacerlo. Nuestra oración final es «que se haga tu voluntad y no la mía».

¿Cómo debemos orar?

Entonces, ¿cómo debemos orar? ¿Qué debemos hacer cuando Dios dice que *no* y su elección nos molesta y hasta nos apena?

Comience con el final

Tanto como sea posible, vamos a decidir por adelantado hacer lo que Jesús hizo y someternos a la voluntad de Dios cuando estamos en desacuerdo.

Para la mayoría de nosotros esa no es una decisión difícil de tomar, *en teoría*. Creemos que Dios es sabio, bueno y poderoso. Es razonable decir que sabe más que nosotros y que su voluntad es superior. Los que no desean comprometerse por adelantado a la sumisión podrían temer que Dios se aproveche de ellos de una u otra manera, diciéndoles que hagan algo que jamás habrían deseado si lo hubieran sabido de antemano. Por ejemplo, ¿y si prometo doblegar mi voluntad a la de Dios y entonces me encuentro conque Él espera que me convierta en un misionero a alguna nación distante o que desea que mi amada niñita muera de manera trágica e inesperada?

No tengo palabras para facilitar eso. Finalmente es asunto de fe. ¿Confío en Dios o no? ¿Acaso no es un Dios bueno y amoroso que jamás ha de causarme daño? Cuando esté seguro de esas cosas concordaré con cualquier cosa que decida, aun si muero sin entender las razones de sus decisiones.

Así que no importa cuál sea el resultado de mis oraciones, he decidido seguir la voluntad de Dios anticipadamente. No puedo prever cómo resultarán las circunstancias, pero sé que la voluntad de Dios es mi deseo definitivo.

Busque la voluntad de Dios

En lugar de orar cualquier cosa que nos venga a la mente, tratemos de realizar nuestro mejor esfuerzo por determinar cuál es la voluntad de Dios antes de orar y pedirle que esta se cumpla. Esta es nuestra mejor oportunidad para aplicar 1 Juan 5.14: «Y esta es la confianza que tenemos en Él, que si pedimos alguna cosa conforme a su voluntad, Él nos oye».

Esto es más fácil de lo que pueda parecerle. La Biblia está llena de declaraciones de la voluntad de Dios:

1 Tesalonicenses 4.3: «Pues la voluntad de Dios es vuestra santificación; que os apartéis de fornicación».

1 Tesalonicenses 5.18: «Dad gracias en todo, porque esta es la voluntad de Dios para con vosotros en Cristo Jesús».

1 Pedro 2.15: «Porque esta es la voluntad de Dios: que haciendo bien, hagáis callar la ignorancia de los hombres insensatos».

Efesios 5.17-21: «Por tanto, no seáis insensatos, sino entendidos de cuál sea la voluntad del Señor. No os embriaguéis con vino, en lo cual hay disolución; antes bien sed llenos del Espíritu, hablando entre vosotros con salmos, con himnos y cánticos espirituales, cantando y alabando al Señor en vuestros corazones; dando siempre gracias por todo al Dios y Padre, en el nombre de nuestro Señor Jesucristo. Someteos unos a otros en el temor de Dios».

Estas son solo unas pocas de las cientos de declaraciones directas de la Biblia en cuanto a la voluntad de Dios para nuestras vidas. Dios nos dice que desea que seamos salvos, santificados, que no nos casemos con incrédulos, que evitemos demandas legales entre los creyentes y que digamos la verdad.

Para un alto porcentaje de nuestras vidas la voluntad de Dios ya se nos ha revelado.

Las revelaciones de la Biblia se enfocan primordialmente en cómo vivir de manera cristiana dentro de una amplia gama de experiencias humanas. La Biblia no nos ofrece declaraciones específicas en cuanto a la voluntad de Dios respecto a qué trabajo aceptar, a cuál escuela asistir o con quién casarse. Desafortunadamente, muchos agonizamos en cuanto a los detalles que no tenemos e ignoramos la amplia avenida de información que poseemos. Es sabio pensar que Dios nos ha dicho la mayoría de las cosas que necesitamos para discernir su voluntad y que lo que no nos ha dicho es comparativamente menos importante.

Nuestra tarea es leer la Biblia, aprender la voluntad revelada de Dios y luego orar de acuerdo con esa voluntad con plena expectativa de que Dios responderá que *sí* a esas oraciones. En los casos en los que la Biblia no revela la voluntad específica de Dios tenemos varias alternativas:

1. *Pídale sabiduría a Dios en cuanto a su voluntad.* Santiago 1.5 dice que: «Y si alguno de vosotros tiene falta de sabiduría, pídala a Dios, el cual da a todos abundantemente y sin reproche, y le será dada». En otras palabras, nuestra primera oración debe ser para pedir *conocimiento* en cuanto a la voluntad de Dios para que seamos guiados por el Espíritu a fin de *orar* conforme a la voluntad de Dios.

2. *Crea que Dios da libertad en cuanto a este asunto.* Cuando Dios no nos deja conocer su voluntad, y lo que desea no puede deducirse de otros principios bíblicos, podría ser que nos está permitiendo elegir una cosa o la otra. Cuando oramos es útil reconocer ante Dios y nosotros mismos que este es nuestro método. Podría orar más o menos de esta manera: *Señor, no he podido averiguar cuál es tu voluntad en este asunto. Creo que tengo la libertad para elegir entre alquilar el apartamento del cuarto piso o el del séptimo. Así que te pido que me ayudes a conseguir este último. Te pido ayuda para encontrar los vecinos correctos y usar este aparta-*

mento de manera que te glorifique. Si te estoy malinterpretando en cuanto a esto, por favor, aclárramelo.

3. *Reconozca que no es capaz de determinar la voluntad de Dios y dirija la oración al Espíritu Santo para que Él la presente.* No importa cuánto nos esforcemos, a veces somos incapaces de conocer la voluntad de Dios. Él podría mantener en secreto su voluntad o podríamos estar en un rumbo equivocado. Cualquiera sea la razón, cuando no sabemos cómo orar le pedimos al Espíritu Santo que ore por nosotros. Romanos 8.26-27 dice que: «Y de igual manera el Espíritu nos ayuda en nuestra debilidad; pues qué hemos de pedir como conviene, no lo sabemos, pero el Espíritu mismo intercede por nosotros con gemidos indecibles. Mas el que escudriña los corazones sabe cuál es la intención del Espíritu, porque conforme a la voluntad de Dios intercede por los santos».

Ore conforme a la voluntad de Dios

Cuando luchamos y encontramos la voluntad de Dios hallamos mejores oportunidades para orar con confianza de acuerdo a la voluntad de Dios. Cuando conocemos su voluntad, en otras palabras, oraremos y obtendremos lo que buscamos.

Reconozca la voluntad de Dios en todos los planes de la vida

Aunque la práctica no es tan popular como debería, algunos cristianos escriben «D.V.» en sus cartas siempre que mencionan planes futuros. El autor de una carta podría escribir: «Gracias por la invitación a pasar del 5 al 12 de agosto en tu cabaña playera. Anticipo una maravillosa semana juntos contigo y tu familia. D.V.» Las letras al final son la abreviatura del latín *Deus Volit* (Si Dios quiere). La práctica sale de Santiago 4.13-15:

«¡Vamos ahora! los que decís: Hoy y mañana iremos a tal ciudad, y estaremos allá un año, y traficaremos, y ganaremos; cuando no sabéis lo que será mañana. Porque ¿qué es vuestra vida? Ciertamente es neblina que se aparece por un poco de tiempo, y luego se desvanece. En lugar de lo cual deberíais decir: Si el Señor quiere, viviremos y haremos esto o aquello».

El principio es más importante que alguna práctica legalista. Como cristianos hemos de vivir con un sentido amplio de la prevaleciente voluntad de Dios sobre nuestros planes. <u>Creemos que Dios es soberano y que en todo estamos sujetos a su voluntad.</u>

Oremos la voluntad de Dios

Soberano Señor, me creaste con voluntad propia y sabes que puede ser muy fuerte. Decido lo que quiero y de la manera que lo quiero. Estoy tan seguro de que estoy en lo correcto y trato de convencerte de que hagas que se cumpla mi voluntad.

En mi mente, sé que tu voluntad es mucho mejor que la mía. En mi corazón deseo tu voluntad en todo.

El problema es que mi voluntad también se mete en el camino de la tuya. No busco tu voluntad en todo lo que hago. Muchas veces soy ciego y sordo a lo que me has revelado tan claramente.

Sinceramente, mi voluntad no se irá. Como me creaste así siempre tendré esta fuerte voluntad. Hoy elegiré la tuya. El deseo de mi corazón es someterme a ti. Con tu ayuda buscaré tus pensamientos y los pensaré contigo. Obedeceré tu voluntad aunque implique entregar lo que realmente deseo.

Cualquiera sea la decisión... que no sea como lo deseo, sino como tú lo deseas. Amén.

SIETE

Este no es el momento correcto

Todo tiene su tiempo,
*   y todo lo que se quiere debajo del cielo tiene su hora.*
Tiempo de nacer, y tiempo de morir;
tiempo de plantar, y tiempo de arrancar lo plantado;
tiempo de matar, y tiempo de curar;
tiempo de destruir, y tiempo de edificar;
tiempo de llorar, y tiempo de reír;
tiempo de endechar, y tiempo de bailar;
tiempo de esparcir piedras, y tiempo de juntar piedras;
tiempo de abrazar, y tiempo de abstenerse de abrazar;
tiempo de buscar, y tiempo de perder;
tiempo de guardar, y tiempo de desechar;
tiempo de romper, y tiempo de coser;
tiempo de callar, y tiempo de hablar;
tiempo de amar, y tiempo de aborrecer;
tiempo de guerra, y tiempo de paz.

Eclesiastés 3.1-8

Vivimos en un mundo de relojes. El tiempo es importante. Andamos midiéndolo constantemente. Esperando. Moviendo los pies y los dedos. Una de las primeras preguntas de cada paciente con una enfermedad mortal es: «¿Cuánto tiempo me queda?» Cada niño crece escuchando: «Ahora no, ¡espera a ser mayor!» Puedo recordar que siendo adolescente tuve que esperar exactamente mil días para obtener un licencia de conducir.

El poder del tiempo afecta de manera significativa nuestra comprensión de la oración sin respuesta. Muchas veces Dios responde a nuestros ruegos con «*No, por ahora*». No es que haya rechazado nuestras peticiones sino que pospuso la respuesta. Como el niño que concluye que lo que su madre y su padre quieren decir con «veremos» es «jamás», creemos que la llamada a la espera de Dios implica que aguardaremos para siempre.

El tiempo de Jesús

Jesús a menudo respondió preguntas y peticiones con «luego»:

«¿Qué tienes conmigo mujer? Aún no ha venido mi hora» (Juan 2.4).

«Mi tiempo aún no ha llegado, mas vuestro tiempo siempre está presto» (Juan 7.6).

«Porque aún no había llegado su hora» (Juan 7.30; 8.20).

Hasta en las situaciones urgentes Jesús no parecía apurarse. Un día un hombre llamado Jairo se acercó a Él con una oración urgente por su hija moribunda. Se postró ante los pies de Jesús y le oró, pidiéndole que viniera y la sanara antes de que se muriera. Jesús avanzó a la casa de Jairo pero se demoró por la muchedumbre. En esa multitud había una mujer que también estaba enferma, con una hemorragia desde hacía doce años. Ella tocó a Jesús y fue sanada al instante, aunque podemos pensar que había orado, y esperado, por esa sanidad durante doce años. Mientras Jesús hablaba con ella llegó un mensaje de que la hija de Jairo había muerto. Era muy tarde. «Tu hija ha muerto; no molestes más al Maestro», le dijo el mensajero a Jairo (Lucas

8.49). Pero Jesús andaba bajo otro reloj. Continuó hacia la casa de la niña, la levantó y se mejoró. Respondió a la oración de Jairo de manera tal que los sorprendió a él y a su esposa, no sucedió en el momento que esperaban pero la oración recibió respuesta afirmativa.

La demora más dolorosa de Jesús fue su tardía visita a su amigo enfermo Lázaro. Este y su familia se contaban entre los mejores amigos de Jesús. No se demoró porque la relación no fuera buena, se contaba entre las mejores. Pero se apareció al menos cuatro días después que su amigo murió y fue enterrado. Esta no era exactamente una respuesta rápida a la oración. Jesús no se demoró porque no le importaba, lloró con sinceridad en la tumba de Lázaro. Los extraños se impresionaron lo suficiente como para decir: «Mirad cómo le amaba» (Juan 11.36). La única explicación que ofreció Jesús por su tardanza y el sufrimiento de los que amaba fue «para que creáis» (Juan 11.15).

Jesús demostró que hay muchas ocasiones en las cuales escucha las oraciones, ama a las personas que oran, tiene toda la intención de concederles sus peticiones, pero dice: No... por ahora. Obviamente no siempre tiene nuestro apuro. Aunque hay situaciones cuando Jesús nos impone su urgencia y somos nosotros los lentos, parece importarle más qué es lo que va a hacer que cuándo se hará.

Seguramente una de las razones por las cuales la Biblia nos da estos ejemplos es ayudarnos a entender y aceptar que luego no significa jamás. Un componente vital de nuestra fe es la confianza en que el tiempo de Dios es mejor que el nuestro. Él se ocupará de lo que nos parece urgente en un momento y de una manera que sabe será mejor.

Esta no es una lección fácil de aprender cuando tememos a nuestras circunstancias o sufrimos un dolor aplastante en el presente. Considere las situaciones de Job y Daniel.

La espera dolorosa de Job

Mencioné a Job anteriormente y cómo la calamidad afectó a

este hombre de riquezas, felicidad y santidad sin par. En una rápida sucesión de desastres murieron sus diez hijos, su gran riqueza se redujo a la pobreza y su buena salud se convirtió en angustia. Fue arruinado «sin causa» (Job 2.3). Lo que no sabía era que su vida era el campo de competencia entre Dios y Satanás, entre el bien y el mal. Irónicamente, jamás averiguó las razones de sus aflicciones.

Sin embargo, el relato que comienza tan trágico termina de manera triunfal. Dios al final le devolvió la salud a Job, multiplicó sus riquezas y lo bendijo con diez hijos más. Pero la espera no fue fácil. Entre todo eso el sufrimiento de Job fue tan intenso que sus oraciones fueron suicidas:

> ¡Oh, que pesasen justamente mi queja y mi tormento, y se alzasen igualmente en balanza! Porque pesarían ahora más que la arena del mar; por eso mis palabras han sido precipitadas ... ¡Quién me diera que viniese mi petición, y que me otorgase Dios lo que anhelo, y que agradara a Dios quebrantarme; que soltara su mano, y acabara conmigo!
>
> Job 6.2,3, 8,9

Uno de los visitantes de Job fue su amigo Elifaz, que le ofreció consejo en cuanto a cómo orar bajo tales condiciones:

> Ciertamente yo buscaría a Dios, y encomendaría a Él mi causa; el cual hace cosas grandes e inescrutables.
>
> Job 5.8,9

Elifaz estaba en lo correcto. Los que sufren deben rogarle a Dios, que verdaderamente responde a la oración y realiza milagros. Lo que Elifaz no consideró fue el tiempo de Dios, lo que llamaríamos la «tardanza divina». Como Dios no respondió con un *sí* inmediato, Elifaz asumió que algo andaba mal con Job o con sus oraciones. Ese fue su error.

En su sufrimiento Job pronunció oraciones contradictorias, algunas por salud, algunas por muerte. Dios no podía darle ambas. Y no le daría la muerte. En su severo dolor Job perdió la perspectiva del plan mayor de Dios. Para Job los grandes asuntos eran la falta de sabor en la comida y su falta de apetito (Job 6.6-7) y tratar de dormir de noche (Job 7.4). Necesitaba que Dios filtrara sus oraciones inapropiadas e irracionales, respondiéndolas con un *no*. Necesitaba la equilibrada sabiduría de Dios para decidir qué oraciones conceder y cuándo concederlas.

Es fácil ser un Elifaz que racionaliza y espiritualiza los dolores ajenos. Otro asunto es ser un Job, que sufre angustia constante, que tiene que esperar por Dios. Para el que sufre y los que verdaderamente sufren juntamente con el doliente, esperar puede ser la prueba mayor de la fe. Esperar por el remedio divino cuando cada segundo es doloroso puede ser indescriptiblemente difícil.

Daniel y el ángel que se demoró

Daniel fue uno de los hombres más grandes y consagrados que jamás haya vivido. Su biografía está llena de hechos sobrenaturales: sobrevivió un horno ardiente, salió vivo de una fosa de leones, recibió protección contra enemigos malvados y ascendió a posiciones superiores de poder político. Más que todo, Daniel fue un hombre de oración. Oró hasta cuando pendía sobre él una sentencia de muerte por continuar con su hábito de orarle al único y verdadero Dios. Todo el poder de un imperio mundial no pudo callarlo. Empero hasta Daniel tuvo que esperar por la respuesta a una de sus oraciones más apasionadas.

Sucedió en Babilonia en VI a.C., hacia el final de su vida. Lejos de la tierra natal de su herencia judía, Daniel tuvo una visión perturbadora del futuro. Mientras buscaba la ayuda de Dios para entender los conflictos políticos que dejaron a Israel en cautiverio nacional no solo oró, se abstuvo de buena comida, carne y vino por tres semanas. Finalmente, apareció un ángel con una respuesta de Dios. He aquí lo que dijo el ángel:

Daniel, no temas; porque desde el primer día que dispusiste tu corazón a entender y a humillarte en la presencia de tu Dios, fueron oídas tus palabras; y a causa de tus palabras yo he venido. Mas el príncipe del reino de Persia se me opuso durante veintiún días; pero he aquí Miguel, uno de los principales príncipes, vino para ayudarme, y quedé allí con los reyes de Persia. He venido para hacerte saber lo que ha de venir a tu pueblo en los postreros días; porque la visión es para esos días.

Daniel 10.12-14

En este discurso angelical hay varias ideas excepcionales en cuanto a la oración sin respuesta:

Dios respondió a la oración de Daniel de manera inmediata en el cielo.

La respuesta divina se tardó tres semanas en llegar desde Dios hasta Daniel, aunque fue enviada a través de un ángel.

Poderosas fuerzas malvadas, en este caso un demonio llamado «el príncipe del reino persa», se opusieron a la respuesta a la oración de Daniel.

Daniel no sabía la razón para la tardanza, aunque era válida.

El mensaje del ángel incluía un anuncio de mayores tardanzas antes de que se implementaran por completo las respuestas a las oraciones de Daniel.

Esto no puede interpretarse en términos de que cada oración no contestada o demorada es detenida por las batallas espirituales de ángeles y demonios. El asunto es que los santos consagrados que elevan oraciones dignas que a Dios le encanta conceder no siempre obtienen las respuestas inmediatas que desean. La oración entra en los dominios definitivos del conflicto espiritual entre el bien y el mal. El hecho de que usualmente no podemos ver el conflicto no lo hace menos feroz. Nuestra ignorancia no hace que la batalla sea menos real. Y la situación no ha cambiado desde el tiempo de Daniel. Aun ahora nuestra lucha es «contra principados, contra potestades, contra los gobernadores de las tinieblas de este siglo, contra huestes espirituales de maldad en las regiones celestes» (Efesios 6.12). Esto no podría ser más serio. Esta guerra espiritual requiere poderes y armas sobrenaturales. Es tonto creer que podemos ganarles a los demonios como si estuviéramos tratando de luchar contra armas nucleares con bates de béisbol.

Lo enorme del conflicto y las tardanzas que pudieran enfrentar las oraciones no son razones para ser pesimistas. A la larga ganaremos. Tenemos el poder de Dios, que es mejor que el de los demonios. Debido a que «mayor es el que está en vosotros, que el que está en el mundo» (1 Juan 4.4), se nos garantiza la victoria final. Hasta que esa victoria sea nuestra hemos de involucrarnos en batalla espiritual con armas adecuadas para la pelea:

> Por tanto, tomad toda la armadura de Dios, para que podáis resistir en el día malo, y habiendo acabado todo, estar firmes. Estad, pues, firmes, ceñidos vuestros lomos con la verdad, y vestidos con la coraza de justicia, y calzados los pies con el apresto del evangelio de la paz. Sobre todo, tomad el escudo de la fe, con que podáis apagar todos los dardos de fuego del maligno. Y tomad el yelmo de la salvación, y la espada del Espíritu, que es la palabra de Dios; *orando en todo tiempo con toda oración y súplica en el Espíritu, y velando en ello con toda perseverancia y súplica por todos los santos.*[1]
>
> Efesios 6.13-18

El calendario de Dios

Dios escucha billones de oraciones y las responde conforme a su voluntad y para nuestro bien. La complejidad de cómo une los detalles de todas las personas, todas las oraciones y todas las circunstancias es algo que expande la mente de forma infi-

---

1 Énfasis añadido.

nita. Esto requiere que las partes caigan en su lugar en una secuencia que solo Dios puede comprender. Por ejemplo:

Una mujer ora durante años para casarse con el hombre indicado. Dios elige para ella a alguien que está casado pero cuya esposa morirá. La respuesta de Dios a su oración depende de una circunstancia desconocida para ella que podría tomar años para que ocurra.

El paciente crónicamente enfermo necesita un trasplante de órganos que requiere la muerte de una persona cuyo tiempo no ha llegado. Una demora dolorosa para alguien es una tardanza agradable para el otro. Dios coordina las dos.

Un adolescente ora a Dios pidiendo información acerca de la causa de la muerte de su abuela. La respuesta es un trastorno genético que heredará sin saberlo el adolescente que ora. Dios pospone la respuesta porque el conocimiento no le hará bien alguno. El Señor podría dar la respuesta cuarenta años después cuando un descubrimiento en la terapia genética pueda alterar su vida.

Todo esto nos lleva de vuelta al asunto central de la oración sin respuesta: confiar en Dios. Cuando no vemos respuesta o la contestación de Dios es *no*, debemos elegir si confiamos en Él o no, aunque no entendamos o no deseemos aceptar su respuesta. La confianza requiere que creamos, como cristianos, que Dios está en lo correcto, estemos de acuerdo o no. Es la confianza de Romanos 8.26-31:

> Y de igual manera el Espíritu nos ayuda en nuestra debilidad; pues qué hemos de pedir como conviene, no lo sabemos, pero el Espíritu mismo intercede por nosotros con gemidos indecibles. Mas el que escudriña los corazones sabe cuál es la intención del Espíritu, porque conforme a la voluntad de Dios intercede por los santos. *Y sabemos que a los que aman a Dios, todas las cosas les ayudan a bien, esto es, a los que conforme a su propósito son llamados.* Porque a los que antes conoció, también los predestinó para que fuesen hechos conformes a la imagen de su Hijo, para que Él sea el primo-

génito entre muchos hermanos. Y a los que predestinó, a éstos también llamó; y a los que llamó, a éstos también justificó; y a los que justificó, a éstos también glorificó. *¿Qué, pues, diremos a esto? Si Dios es por nosotros, ¿quién contra nosotros?*[2]

¿Y si morimos antes de que llegue la respuesta?

David proclamó: «Hubiera yo desmayado, si no creyese que veré la bondad de Jehová en la tierra de los vivientes» (Salmos 27.13). Ciertamente veremos incontables bendiciones de Dios en «la tierra de los vivientes». Pero, ¿se nos garantiza la entrega en nuestras vidas de alguna o todas nuestras oraciones? La vida real nos dice que algunas veces nuestros problemas viven más que nosotros. Nuestras vidas terminan antes de que se responda a nuestras oraciones. ¿Por qué? ¿Qué dice esto acerca de Dios y la oración si morimos antes de que llegue la respuesta divina? Simplemente, ¿cuánto tiempo cree Dios que lo esperaremos?

Ester era una cristiana consagrada, organista por muchos años en su Iglesia Luterana sueca. Las actitudes y el comportamiento de su yerno, Tom, la preocupaban mucho. Siempre que alguien le hablaba a Tom acerca de los ideales cristianos o cualquier cosa relacionada con la iglesia o Dios, respondía: «De todas maneras, ¿quién puede creer esa tontería? ¡Eso de cristiano no es nada más que basura!» Ester oró veinticinco años para que su yerno se convirtiera al evangelio. Ella murió sin ver cambio alguno, ni siquiera una pequeña señal de esperanza.

Unos pocos años después de la muerte de Ester, Tom y su esposa, Shirley, se mudaron a una nueva casa en el campo. Shirley siguió el ejemplo de su madre y encontró una iglesia en un pequeño pueblo cercano. Debido a que a Tom no le gustaba quedarse solo en la casa comenzó a asistir con su esposa a los servicios de la iglesia. Para sorpresa de todos, incluyendo a Tom mismo, ¡le gustó! En especial le agradaba el pastor y hasta

---

2 Énfasis añadido.

alardeaba con otros en cuanto a sus sermones. En pocos meses cambió de escéptico a creyente. Tom se unió a la iglesia, se convirtió en ujier, es voluntario en el almacén de la iglesia y comenzó a enseñar un curso acerca de historia judía. No fue una aberración pasajera. Tom no regresó a su incredulidad. Continúa en esos ministerios hoy.

Muchos se preguntarán si Ester, ahora en el cielo, sabe lo que le sucedió a Tom en la tierra. Sépalo o no, aquello por lo cual oró por tanto tiempo recibió respuesta. Aunque no llegó a vivir lo suficiente como para ver los resultados, Dios probó ser fiel.

Por veintidós años el Dr. Arthur Lewis enseñó Nuevo Testamento en Bethel College [Universidad Bethel], en Arden Hills, Minnesota. Algún tiempo después de jubilarse en 1988, sufrió un ataque cardíaco que le impidió caminar y usar su mano izquierda (era zurdo). En un ensayo titulado «¿Se acabará este sufrimiento?»[3] Lewis ofrece una observación personal a la promesa de Jesús de que «todo lo que pidiereis en oración, creyendo, lo recibiréis» (Mateo 21.22). Escribe que «por vez primera puedo simpatizar con los creyentes cuyas oraciones en cuanto al sufrimiento no reciben respuesta. He tenido el tiempo para reconsiderar las promesas bíblicas en cuanto a la oración, y descubrí que obvié algo». Entonces explica que: «Dios ciertamente nos dará lo que le pidamos, pero no necesariamente de inmediato o en el momento que lo queramos». Muchas de nuestras oraciones, dice Lewis, recibirán respuesta no en el tiempo presente sino en la eternidad. Basa su entendimiento en las palabras de Jesús en Juan 16.23: «En aquel día no me preguntaréis nada. De cierto, de cierto os digo, que todo cuanto pidiereis al Padre en mi nombre, os lo dará». La expresión «En aquel día» se refiere al *eschaton*, o los tiempos del fin, no meramente el futuro en la tierra sino el futuro en el cielo también.

---

3 Arthur Lewis, «Will This Suffering Ever End?» [¿Se acabará este sufrimiento?], *The standard*, agosto/septiembre, 1994, pp. 21-22.

Lewis detalla tres promesas para el futuro:

1. *La resurrección de nuestros cuerpos.* Cada cristiano puede anticipar una vida y un cuerpo resucitado como Jesús (véanse Juan 11.24 y 1 Corintios 15.51-52). Muchos recibiremos este don luego de morir y ser enterrados, aunque los cristianos que estén vivos cuando Jesús regrese pasarán de esta vida y este cuerpo a la vida y el cuerpo de la resurrección sin pasar por la muerte.

De acuerdo con Lewis, «cuando le pedimos a Dios el milagro de la sanidad u oramos por nuestros seres amados que están enfermos, no tenemos certeza de que nuestras oraciones recibirán respuesta en este momento, pero podemos estar seguros de que Él restaurará nuestros cuerpos físicos a una salud perfecta en su Segunda Venida "cuando los muertos resuciten imperecederos"».

2. *Una nueva tierra será nuestra habitación.* El pecado ha mancillado no solo a los humanos sino a toda la creación. La redención de Jesús incluye no solo a los pecadores sino a toda la tierra también. Pablo explica: «Porque también la creación misma será liberada de la esclavitud de corrupción, a la libertad gloriosa de los hijos de Dios. Porque sabemos que toda la creación gime a una, y a una está con dolores de parto hasta ahora» (Romanos 8.21-22). En otras palabras, el mundo espera sobrepasar el dolor del pecado y sus consecuencias y regresar a la manera que Dios deseaba que estuviera.

Cuando esto suceda Dios estará con ellos (todos los santos que hayamos sufrido) y «Enjugará Dios toda lágrima de los ojos de ellos; y ya no habrá muerte, ni habrá más llanto, ni clamor, ni dolor; porque las primeras cosas pasaron» (Apocalipsis 21.4). ¡Eso será maravilloso! Las oraciones de las personas sufrientes a través de la historia recibirán una maravillosa respuesta de parte de Dios.

3. *La derrota de los enemigos de Dios.* Basado en el Salmo 110.1, 1 Corintios 15.25 y Filipenses 3.21, Lewis anticipa la victoria final sobre Satanás, los demonios y la maldad. Cada enemigo de Dios, de la justicia y de los creyentes será derrotado de manera permanente.

Combinando la erudición de un profesor de Nuevo Testamento y la experiencia de un hombre que sufre los efectos posteriores de un ataque, Lewis concluye que «estas tres promesas nos dan esperanza y gran gozo ante su venida (Juan 16.22), y de recibir las respuestas de Dios a todas nuestras oraciones (Juan 16.23). Pero mientras esperamos también se nos ha prometido "gracia abundante" (2 Corintios 12.9) para que podamos sostenernos (Juan 16.7). Creo que puedo esperar hasta su venida por la respuesta a mis oraciones. ¿Y usted?»

Paciencia y confianza

No siempre estoy seguro de mí mismo, Señor. Tengo mis dudas. Siempre parezco estar apurado. Cuando oro deseo tu respuesta no solo a mi manera, sino a mi tiempo. Puedo desilusionarme pensando que es posible que la oración de hoy no recibirá respuesta por tres semanas, o por trescientos años. Simplemente no estoy seguro de cuánto pueda aguantar.

Y realmente no estoy seguro en cuanto a los demás. Comparativamente, mi situación es segura y cómoda. Pero, ¿y qué de aquellos que tienen dolor crónico? ¿Qué de los que están desesperadamente solitarios? ¿Qué de las personas que son muy pobres? Me parece que si tuviera la alternativa preferiría que le dieras lo que piden ahora y me permitas esperar mucho más. Mis dolores parecen pocos; mis posesiones son muchas; mis preguntas pueden esperar.

No, no estoy seguro de mí mismo.

Pero estoy seguro de ti. Verdaderamente creo que sabes lo que estás haciendo. Eres más sabio que el entendimiento. El tic tac de tu reloj lleva mil años por cada minuto mío o un minuto tuyo implica mil años míos. No solo ya lo averiguaste todo, sino que tienes todo planificado. Tus planes para nosotros son que hagamos el bien, y que no hagamos daño. Sabes exactamente cuándo debemos escuchar tus respuestas y cuándo debemos recibirlas.

Mi problema es reconciliar mi impaciencia con tu providencia. Por favor, enséñame. Anímame. Hazme paciente. Dame esa gracia abundante que prometiste.

¡Anticipo cuando todas nuestras oraciones reciban respuesta! Hasta ese entonces, confiaré en ti un cien por ciento. Amén.

OCHO

Otra cosa podría ser más importante

El 22 de noviembre de 1963, John F. Kennedy fue asesinado. Durante las semanas previas a ese inesperado ataque uno de los editores principales del *Chicago Sun-Times* mostró gracia hacia mi persona y mi periodismo. Era estudiante universitario, editor del periódico de nuestro recinto. Se ofreció a darme a mí y a otros miembros del personal del periódico estudiantil una gira por las oficinas editoriales del *Sun-Times*.

El día después del asesinato, los Estados Unidos se estremecieron con lamento. El temor y la incertidumbre se apoderaron de la nación. Los negocios cerraron. Las clases universitarias fueron canceladas.

Como tenía un inesperado día libre en la escuela llamé al editor del periódico y le pregunté si estaría bien que pasáramos para hacer la gira por su oficina. Su respuesta fue breve y al punto. Me dijo que él y su personal estaban excepcionalmente ocupados. Dijo que no fuéramos.

Aquel entonces me ofendí. Ahora entiendo que mi petición era absurda e inapropiada. Lo estaba interrumpiendo en medio de uno de los días más agitados en la historia del periodismo estadounidense. Había rumores por doquier. Las noticias salían a cada minuto. Las ediciones adicionales mantuvieron las prensas corriendo 24 horas al día. Había cosas más importantes que hacer que recorrer la oficina con adolescentes estudiantes universitarios que no se percataban de que eran parte de algunos de los acontecimientos más importantes en la historia.

Lo que aquella vez consideré como una petición válida ahora me resulta vergonzosamente inadecuada.

Dios debe escuchar muy a menudo oraciones como esas de parte mía. En el momento pareciera una gran idea pedirle salud, riqueza, posesiones, relaciones, e información. Cuando Dios dice que *no* me siento tentado a ofenderme. Años después obtuve una perspectiva diferente que muestra que Dios estaba en lo correcto al rechazar mi oración.

El Dios de las prioridades

Como nosotros, Dios debe ordenar sus prioridades. Sopesa lo que tiene mayor importancia y lo que es menos importante. A pesar de lo difícil que nos resulte entenderlo en el momento, nuestras peticiones podrían serle mucho menos importantes a Dios de lo que son para nosotros.

Eso no quiere decir que alguno de nosotros no es importante para Dios. Tampoco quiere decir que Dios no se interesa por nuestras necesidades y deseos. Ni que Dios no escucha o no le importa cuando le rogamos. Más bien, Dios debe hacer lo que debe hacer. Es parte de su naturaleza divina y su responsabilidad establecer prioridades y realizar lo que sabe será para mayor bien, aunque esté en conflicto con las oraciones de aquellos que ama.

En la providencia divina, de una u otra manera todo obra para bien (Romanos 8.28). Él concede las peticiones en su *mejor* momento, más temprano para algunos, más tarde para otros. Nos enseña que la desilusión de hoy será razonable mañana. En todo actúa prestándole mayor importancia a nuestro bien que simplemente concediendo nuestras oraciones.

La Biblia ofrece muchos ejemplos.

Obediencia por encima de las lágrimas

> Y volvisteis y llorasteis delante de Jehová, pero Jehová
> no escuchó vuestra voz, ni os prestó oído.
>
> Deuteronomio 1.45

Es difícil negarse cuando aquellos a quien ama le ruegan con lágrimas. Dios amó al pueblo de Israel. Pero ensordeció ante sus lágrimas.

Dios tuvo mayores sueños para su pueblo preferido. Los liberó de su esclavitud en Egipto, dirigiéndolos en forma milagrosa a través del Mar Rojo y el Desierto del Sinaí. Dios les prometió un maravilloso hogar en Canaán, por la ribera oriental del Mediterráneo. Era una tierra habitada por pueblos fuertes con ciudades amuralladas. Para conquistar y ocupar a Canaán, Israel necesitaría más milagros.

Cuando llegó el tiempo de la batalla, el ejército de Israel estaba demasiado asustado como para atacar. Se mintieron a sí mismos diciéndose que perderían. La verdad era que no estaban dispuestos a confiar en Dios y obedecer.

Dios se enojó. Había hecho de todo para ellos, milagro tras milagro. Les probó que les daría cada victoria prometida. Les demostró que tendrían éxito cada vez que obedecieran sus órdenes. Nada era suficientemente convincente. Airado, anunció que ninguno de ellos habría de ver la tierra prometida. Dios esperaría toda una generación antes de darle un nuevo hogar a la nación de Israel.

Cuando los israelitas sintieron el ardor de la ira de Dios y escucharon las consecuencias de su desobediencia decidieron avanzar y atacar después de todo. De alguna manera no se percataron de que obedecer un día tarde realmente es desobediencia. Fueron derrotados por los amorreos en una manera abrumadora.

Ahora estaban en un punto terrible. Tras ellos estaba un

desierto, una amenaza de muerte por tiempo. Frente a ellos estaban los amorreos, que justamente demostraron su superioridad militar. Sobre ellos estaba un Dios enojado. Hicieron lo que muchas veces hace la gente desesperada. Oraron. Confesaron sus pecados. Lloraron con sentimiento.

Querían que Dios les diera otra oportunidad. Ahora estaban dispuestos a luchar, si Dios solo les garantizara la victoria. Pero Dios dijo *no*.

Es fácil malinterpretar este relato. Dios podría parecer poco perdonador e indispuesto a conceder una segunda oportunidad. Podríamos concluir que si no hacemos todo a la manera de Dios nos atacará y nos destruirá. Dios parece no tener sentimientos y ser arbitrario.

La verdad es que Él amaba a esas personas. Debe haberle causado agudo dolor decir que *no*. Casi todas las evidencias del carácter de Dios sugieren que también lloró cuando ellos lloraron. Como cualquier padre, hubiera preferido darles exactamente lo que deseaban. Estaban dolidos, y los padres aman sanar las heridas de sus hijos.

Dios tenía una prioridad mayor. Deseaba enseñarle a Israel una lección poderosa y permanente: Él era su Rey. Deseaba grabar en su memoria, en forma permanente, que sus promesas siempre son confiables, que no merecen dudas o titubeos. Deseaba que obedecieran lo que ordenó, no hacerse pasar por Dios negando o desobedeciendo sus órdenes. Él concluyó que para Israel era mejor que aprendiera esta dolorosa lección durante cuarenta años de desierto esperando recibir una respuesta rápida a una oración quejumbrosa. La lección sería difícil pero los beneficios durarían generaciones.

Hasta hoy algunos se preguntan si Dios no fue demasiado duro.

Creo que Él siempre hace lo mejor para nosotros, aunque nos parezca muy duro o demasiado exigente. Como cualquier padre amoroso, Dios desea e insiste en que sus hijos aprendan a obedecer. A su parecer nuestra obediencia es más importante que obtener un *sí*, aun a las oraciones presentadas con pasión y lágrimas.

Dios está cumpliendo sus grandes propósitos eternos para la historia. Nuestras peticiones impactan no solo nuestra era sino todo el futuro del planeta. Dios no está dispuesto a sacrificar generaciones futuras sobre el altar de las peticiones de una generación anterior. A veces eso significa que negará las oraciones del presente.

¿Cómo respondemos a este aspecto de Dios? Si somos los beneficiarios de las lecciones de otros debemos aprender y celebrar. Esa es una razón por la cual la Biblia nos beneficia tanto. Cada relato que leemos del pasado nos enseña cómo vivir en el presente. Cada lección que seguimos nos protege de repetir los errores de otros y nos preserva de sufrir sus consecuencias. Pero, ¿y si somos aquellos a los cuales Dios les está enseñando? ¿Y si niega nuestras preocupadas oraciones como ejemplo para otros? Escuche con cuidado, ¡porque esta es una importante verdad que hemos de aprender! Es muy satisfactorio ser la herramienta pedagógica de Dios. Hay una profunda esperanza en saber que Dios puede usar nuestra pérdida para el bien definitivo de otros, y que puede y al fin nos dará un bien perfecto a través de nuestra decepción actual. Esa fe puede transformar nuestras vidas. Es una confianza en un Dios amoroso que no nos dañará.

Circunstancias peculiares forzaron a un cirujano a prepararse para operar a su hijo. Lejos de la casa con ningún otro cirujano disponible, sabía que el niño moriría pronto sin la operación. Mientras se le administraba la anestesia el niñito miró a su padre. «Papá, ¿verdad que no vas a herirme?», preguntó. Luchando para controlar sus emociones, el cirujano contempló a su hijo. «Hijo», habló suavemente, «es posible que tenga que herirte pero jamás te haré daño».

En aquel entonces el hijo quizás no entendió la diferencia semántica entre las palabras. Aun así, el punto fue significativo. El cirujano tendría que causarle dolor a su hijo para ayudarlo. Como padre, no haría nada para hacerle daño al hijo que amaba.

Dios podría decirle *no* a nuestras oraciones a pesar de que roguemos y lloremos. Podría rehusar satisfacer nuestras peticiones. Pero jamás deja de amarnos y no nos hará daño. Por supuesto, se necesita fe para creer esta perspectiva cuando las circunstancias indican algo diferente. Cuando Job luchó para interpretar su situación acusó a Dios de no responder a sus oraciones, y de realmente atacarlo:

> Clamo a ti, y no me oyes; me presento, y no me atiendes.
> Te has vuelto cruel para mí; con el poder de tu mano me persigues.
>
> Job 30.20-21

Job no entendió la verdad. Aunque Dios permitió que Satanás lo probara por un tiempo, Él no lo atacó. A pesar de que Dios no respondió en el momento y la manera en que Job lo pidió, no era por falta de compasión. Con tiempo, Job llegó a entender la gracia de Dios, pero en el centro de su dolor su perspectiva abrumaba su fe. Es maravilloso que Job no se apartó de Dios aun cuando no respondió a sus llorosos ruegos. Cuando su esposa le aconsejó que maldijera a Dios y se muriera (Job 2.9), siguió fiel a Dios y mantuvo su integridad. Es bastante sorprendente que Job pudiera decirle: «¿Recibiremos de Dios el bien, y el mal no lo recibiremos?» Qué maravilloso elogio ese de que «en todo esto no pecó Job con sus labios» (Job 2.10).

Esta respuesta es fácil de entender cuando la vida nos va bien, pero es más impactante cuando tenemos la miseria de Job. Aprendamos la lección: Dios nos llama a la fidelidad y a la obediencia aun cuando nos opriman y el resultado parezca incierto. Es bueno orar, rogar y llorar. Pero no desobedezcamos. Dejemos que Dios decida qué es más importante.

Ascensión por encima de la muerte

Viendo, pues, el peligro, se levantó y se fue para salvar

su vida, y vino a Beerseba, que está en Judá, y dejó allí a su criado. Y él se fue por el desierto un día de camino, y vino y se sentó debajo de un enebro; y deseando morirse, dijo: Basta ya, oh Jehová, quítame la vida, pues no soy yo mejor que mis padres.

1 Reyes 19.3-4

La gente casi siempre ora por vida y se decepciona cuando Dios permite la muerte. Elías oró por la muerte y se decepcionó cuando Dios lo dejó vivir.

Algunas veces podría ser apropiado orar por la muerte. Visité a un anciano agricultor jubilado en una casa de retiro. George me dijo que cada mañana se levantaba, se arrodillaba al lado de su cama y oraba que Dios le permitiera morir y e irse al cielo. Su vida había sido extensa y plena. Ahora deseaba irse a su nuevo hogar en la presencia de Dios. El Señor le dijo *sí* a esta oración y dirigí su funeral.

La muerte no siempre es lo peor que nos puede sobrevenir. El misionero mártir Jim Elliot dijo que Dios está poblando el cielo y que no nos atrevamos a limitarlo a los ancianos. He visto cristianos comportarse de manera poco cristiana en las últimas décadas de su existencia, diciendo y haciendo cosas incoherentes con los valores de toda su vida. Las amistades han orado para que mueran y se marchen con Dios antes de que desacrediten su nombre y contradigan lo que siempre han creído.

Sí, tal vez sea correcto orar por la muerte.

Pero eso no era lo que Dios deseaba cuando Elías oró para morirse. Elías había acabado de salir del Monte Carmelo y de uno de los más grandes despliegues públicos del poder de Dios en todo el Antiguo Testamento. Se había enfrentado solo contra los sacerdotes paganos de Baal en una batalla de oración. Dios respondió a las oraciones de Elías y probó que Baal era impotente y que sus profetas estaban mal. Su victoria ofendió a la malvada reina Jezabel, que juró asesinarlo. Elías, espiritualmente agotado y físicamente exhausto, huyó por su vida y desmayó.

No podía ver ninguna solución mejor a su situación que la muerte.

Dios le dijo *no*. En vez de concordar con la oración equivocada de Elías, Dios satisfizo sus necesidades personales. Un ángel se le acercó, proveyéndole alimento y el muy necesario sueño. Pero la razón por la cual Dios se negó fue mucho mayor. Él pretendía llevarse a Elías al cielo, pero no en ese mismo momento ni mediante la muerte. Dios planeó trasladar en forma milagrosa a Elías de la tierra al cielo sin que muriera. Sin duda, ¡esa era una manera superior de marcharse!

> Y aconteció que yendo ellos [Elías y Eliseo] y hablando, he aquí un carro de fuego con caballos de fuego apartó a los dos; y Elías subió al cielo en un torbellino.
>
> 2 Reyes 2.11

Dios a menudo dice que *no* porque tiene algo mejor planeado para aquellos a quienes ama. Nuestros corazones pueden henchirse con agradecimiento a Dios que sabe qué es lo mejor y qué es lo más importante. «Porque yo sé los pensamientos que tengo acerca de vosotros, dice Jehová, pensamientos de paz, y no de mal, para daros el fin que esperáis» (Jeremías 29.11).

Compromisos divinos por encima de los deseos maternales

Entonces se le acercó la madre de los hijos de Zebedeo con sus hijos, postrándose ante Él y pidiéndole algo. Él le dijo: ¿Qué quieres? Ella le dijo: Ordena que en tu reino se sienten estos dos hijos míos, el uno a tu derecha, y el otro a tu izquierda. Entonces Jesús respondiendo, dijo: No sabéis lo que pedís. ¿Podéis beber del vaso que yo he de beber, y ser bautizados con el bautismo con que yo soy bautizado? Y ellos le dijeron: Podemos. Él les dijo: A la verdad, de mi vaso beberéis, y con el bautismo con que yo soy bautizado, seréis bautizados; pero el sentaros a mi derecha y a mi izquierda, no es mío darlo, sino a aquellos para quienes está preparado por mi Padre. Cuando los diez oyeron esto, se enojaron contra los dos hermanos.

Mateo 20.20-24

Por dos mil años la señora de Zebedeo ha sido injustamente denunciada por su oración. La crítica comenzó de inmediato. Los otros diez discípulos de Jesús se perturbaron porque Santiago y Juan, los hijos de Zebedeo, deseaban los mejores asientos del cielo. Su madre ha sido condenada por todo, desde la falta de tacto hasta la codicia, por pedir los mejores lugares para sus muchachos.

Pero, ¿qué hay de malo con que una madre ore para que sus niños estén lo más cerca de Jesús? ¿Acaso no debe ser recomendada por desear lo mejor para sus hijos? Me encanta su oración. Ella debería ser un modelo para cada madre cristiana. Imagínese cuánto bien podría realizarse si cada madre moderna fuera directamente a Jesús y pidiera que sus hijos e hijas estuvieran lo más cerca posible del Señor.

Fue una oración maravillosa, pero la respuesta fue que *no*. No porque Jesús no honrara a la mujer. Sino porque no deseaba a Santiago y a Juan para siempre a su lado. Las múltiples referencias a través de los Evangelios indican círculos concéntricos alrededor de Jesús. Había miles en las muchedumbres que le escuchaban. Unos ciento veinte componían el grupo más extenso de discípulos (Hechos 1.15). Los doce eran el grupo menor de apóstoles. Tres hombres, Pedro, Santiago y Juan, estaban en el círculo íntimo presentes en ocasiones especiales y tenían el contacto más cercano (Mateo 17.1; Marcos 5.37). Y Juan era el mejor amigo de Jesús (Juan 13.23; 21.7, 20). Si mantuvo alguna vez una lista de candidatos para los asientos más cercanos a Él en el cielo, Santiago y Juan estarían al tope.

Pero aun así la respuesta fue *no*. Dios el Padre ya había hecho planes para esos asientos. Estaban preparados especialmente. Ya se había decidido quién habría de ocuparlos. Cuando Dios hace un compromiso lo realiza conociendo todas las futuras contingencias y consideraciones. Él mantiene sus compromisos.

No puede sacársele mediante la oración, ni siquiera a través de una madre consagrada con buenas intenciones. Los planes divinos son más importantes que cualquier sueño de una madre.

La señora de Zebedeo quizá se desilusionó, pero no debió hacerlo:

La motivación de su oración era buena.

Los resultados fueron buenos, aunque la respuesta fue *no*. Sus hijos estarían en el cielo con Jesús y ya pertenecían al círculo íntimo de Jesús. La señora de Zebedeo pudo no haber conseguido exactamente lo que pidió, pero lo que obtuvo fue extraordinario.

El conocimiento de que Dios mantiene sus compromisos es un consuelo maravilloso. Si las madres persuasivas pudieran sacar a Dios de lo que ya se propuso realizar, cualquiera de nosotros pudiera ser excluido de los planes de Dios por la oración de otro.

La humildad por encima de la sanidad

Y para que la grandeza de las revelaciones no me exaltase desmedidamente, me fue dado un aguijón en mi carne, un mensajero de Satanás que me abofetee, para que no me enaltezca sobremanera; respecto a lo cual tres veces he rogado al Señor, que lo quite de mí. Y me ha dicho: Bástate mi gracia; porque mi poder se perfecciona en la debilidad. Por tanto, de buena gana me gloriaré más bien en mis debilidades, para que repose sobre mí el poder de Cristo. Por lo cual, por amor a Cristo me gozo en las debilidades, en afrentas, en necesidades, en persecuciones, en angustias; porque cuando soy débil, entonces soy fuerte.

2 Corintios 12.7-10

Dios le dijo *no* a la oración de Pablo por sanidad. El Señor le dijo que era más importante para él ser humilde que sanado.

La humildad es muy importante para Dios.

De igual manera, jóvenes, estad sujetos a los ancianos; y todos, sumisos unos a otros, revestíos de humildad; porque: Dios resiste a los soberbios, y da gracia a los humildes. Humillaos, pues, bajo la poderosa mano de Dios, para que Él os exalte cuando fuere tiempo.

1 Pedro 5.5-6

Anteriormente en 2 Corintios 12, Pablo alardeó en cuanto a sus experiencias espirituales. En su alardeo entretejió un relato acerca de un hombre a quien se le ofreció un anticipo del cielo y vivió para contarlo. Lo que este hombre vio fue tan espectacular que el vocabulario humano no basta para describirlo. Muchos estudiantes de la Biblia piensan que Pablo estaba expresando su experiencia propia de manera indirecta, que quizás murió, fue al cielo y Dios lo devolvió milagrosamente a esta vida. No importa qué sucedió, Pablo sabía que la experiencia fue tan rara y tan impresionante que era posible que fuera abrumado por el orgullo.

Contra este antecedente de alarde Pablo cuenta acerca de su «aguijón en la carne». No importa qué era lo que afligía a Pablo, para él era un problema serio. Así que hizo lo que todo cristiano debe hacer, oró. Le pidió a Dios que lo sanara. Como Jesús en el jardín del Getsemaní, Pablo oró tres veces. Tres veces se le dijo que *no*.

Con el no divino vino una explicación divina, algo que no siempre recibimos. Pero Dios le explicó a Pablo que permitir que continuara hiriéndolo lo mantendría humilde. En otras palabras, el Señor sabía que, de tener salud perfecta, era muy probable que el hombre que había visto el cielo se enorgulleciera. Insoportable. Incapaz para el ministerio. La mejor solución era dejarlo enfermo y humilde en lugar de saludable y orgulloso. Podríamos preguntarnos por qué Dios no podía hacerlo saludable y humilde al mismo tiempo. Eso no se nos explica.

Estoy completamente impresionado con la respuesta de Pablo. Muchos de nosotros convertimos el *no* de Dios en una excusa para el resentimiento y la amargura o una razón para renunciar a la fe y rechazar a Dios. Pablo tomó el *no* de Dios como una oportunidad para el crecimiento y la enseñanza. El principio espiritual es que la fortaleza de Dios muchas veces se demuestra mejor en la debilidad humana. ¿Qué se prueba en cuanto a Dios si una persona que es saludable, adinerada y fuerte vive de manera cristiana? Cualquiera que lo tiene todo realmente no necesita a Dios. Por otro lado, el mejor lugar para que Dios muestre su grandeza podría ser en una persona débil y enferma y que esté luchando. Si una persona ama a Dios y vive para Dios cuando la vida es difícil, entonces en verdad vale la pena vivir por Dios y amarlo. Pablo concluyó que Dios podría verse mejor cuando Pablo estaba débil. Un Pablo orgulloso, fuerte y presumido bloquearía a Dios.

Ahora que decidimos cómo usar este principio espiritual en cada uno de nosotros. ¿Preferiríamos que nuestras oraciones no recibieran respuesta para que fuéramos humildes y agradables para con Dios? ¿Estamos dispuestos a tener una buena actitud cuando Dios por nuestro propio bien dice que *no*? Muchos preferimos decir: «Vamos, Dios. Pruébame. Dame lo que quiero y prometo ser la persona más humilde». Dios nos conoce mejor que nosotros mismos. Desea que seamos como Jesús «el cual, siendo en forma de Dios, no estimó el ser igual a Dios como cosa a que aferrarse, sino que se despojó a sí mismo, tomando forma de siervo, hecho semejante a los hombres; y estando en la condición de hombre, se humilló a sí mismo, haciéndose obediente hasta la muerte, y muerte de cruz» (Filipenses 2.6-8). La humildad es tan importante para Dios que está dispuesto a hacer todo lo necesario para que seamos como Jesús.

¿Cuál es el bien supremo que busca Dios?

No fue sencillo para los israelitas, Elías, la señora de Zebedeo y Pablo que se les dijera que sus oraciones eran menos importantes de lo que pensaban. Si se parecían en algo a nosotros se les dificultó aceptar la percepción divina de su situación. Queremos que Dios piense que somos la persona más importante que jamás pueda escuchar, que nuestras oraciones merecen atención inmediata y que lo que deseamos es perfectamente bueno. Expresamos nuestras oraciones para persuadir a Dios de que estamos en lo correcto y de que debe concedernos lo que le pidamos. Puede sentirse degradante el que Dios tenga otros planes involucrando otras personas que afirma van primero. «Voy a darte algo que necesitas, pero que *no* quieres», dice Él. «Lo que consideras que te hace falta y lo que deseas son menos importantes».

Cuando Dios dice *no*, pregúntele cuál es el bien supremo que busca. No es que no deba pedir de nuevo. Como Pablo, avance y pida tres veces. Pida más de tres veces. Pero entre las peticiones dígale a Dios que confía en Él para que establezca las prioridades, y que está dispuesto a tomar un número menor y esperar. Dígale que confía en Él para que tome la mejor decisión, aunque le parezca una elección difícil. Podría ser la oración más difícil que jamás haya pronunciado. Y quizás la mejor y más importante.

———

Dios de Israel, de Elías, de la madre de Juan y Santiago, y de Pablo, he aquí mi petición una vez más. La has oído antes. Conoces cada palabra que voy a decir. Sabes qué deseo antes de pedirlo. Pero estoy pidiendo de nuevo.

Lo que deseo podría no ser tan importante para ti como lo es para mí. Eso me resulta difícil de entender y aceptar.

Te someto mis prioridades como mejor puedo. Estoy convencido de que harás lo más importante aunque tenga que esperar por lo que deseo o aceptar un no permanente.

Señor, cuando me dices que no, ¿qué buscas? ¿Cuál es el bien superior que intentas alcanzar? Por favor, dame ojos para ver lo que ves. Ayúdame a desear lo que deseas. Enséñame a orar por aquellas cosas de suprema importancia en tu lista.

Realmente deseo tener la actitud humilde y la vida de Jesús. Oro por esa semejanza a Cristo en el nombre de Jesús. Amén.

NUEVE

Razones por las que las oraciones podrían ser erróneas

No tenéis lo que deseáis, porque no pedís. Pedís, y no recibís, porque pedís mal, para gastar en vuestros deleites.

Santiago 4.2-3

No hace mucho, en una semana, recibí más de una docena de llamadas telefónicas en mi oficina de un hombre cuyo nombre no reconocía. Cada vez que llamaba no estaba disponible para atenderle. En cada ocasión dejaba su nombre pero rehusaba dejar un número para devolverle la llamada. No quería hablar con más nadie en la oficina o siquiera decir por qué estaba llamando.

Preocupado porque el asunto fuera urgente, deje instrucciones para que la próxima vez que llamara se me interrumpiera, sin importar en qué reunión o actividad estuviera. Cuando finalmente hablé con él me dijo que estaba solicitando un anuncio para la revista anual de una organización de la cual jamás había escuchado. Le expliqué que nosotros no hacíamos prácticamente ningún tipo de anuncio de ese tipo y que esas decisiones las tomaba la oficina de negocios, no yo. Cuando le ofrecí transferir su llamada al departamento de negocios me dijo que prefería que le hiciera una donación personal a su organización y sugirió un regalo de treinta y cinco dólares en efectivo. Prometió enviarme de vuelta una pequeña insignia plateada.

Cuando al fin convencí a este hombre de hablar con la oficina de negocios, dejé su llamada en espera. Deseando explicarle primero todo esto al supervisor de negocios, pasé la llamada, por error, directamente a la oficina de negocios, para que el supervisor la recibiera sin explicación alguna. Al no recordar en qué línea entró la llamada, miré confundido un teléfono con catorce líneas externas destellando. Tomé cada línea intentando reconectar a la persona que llamó. Jamás lo encontré, aunque causé problemas adicionales al arreglármelas de alguna manera para que todas las catorce líneas volvieran a sonar en mi escritorio.

Fue un desastre de comunicación, aunque me ayudó a entender lo que dice Santiago 4.3 acerca de la oración: «Pedís, y no recibís, porque pedís mal, para gastar en vuestros deleites». El hombre que llamó no consiguió lo que quería, y una de las razones fue porque no sabía cómo pedir. Me prestó poca consideración como dador; parecía estar primordialmente interesado en sus necesidades e intereses como receptor. Lo mismo ocurre cuando muchos cristianos oran. Estallamos ante la presencia de Dios, exclamamos nuestra petición y antes que pase mucho tiempo no recibimos lo que deseamos. Deseando respuestas a nuestras oraciones, Santiago y otros autores de la Escritura explican cómo los motivos equivocados pueden yacer en la raíz de la oración que no recibe respuesta.

En la oración se debe pedir

Santiago comienza al principio de la oración. Antes de tocar el asunto de la motivación nos recuerda algo que probablemente ya sabemos: se debe *pedir* la oración. Eso debe ser obvio, pero algunas veces obviamos lo obvio.

Santiago 4.2 advierte que: «No tenéis lo que deseáis, porque no pedís [a Dios]». Santiago indica algo más amplio que implorarle a Dios que nos dé lo que deseamos. Incluye invitarlo a que participe en cada parte de nuestras vidas.

Compárelo con pedirle a un banquero que le preste un millón de dólares para su negocio. El banquero desea encontrarse con usted en persona, ver sus libros, visitar su almacén, entrevistar a sus administradores y aprender lo más posible en cuanto a su operación. Es imposible aislar el millón de dólares que desea de la minuciosa participación del banquero en su negocio y su vida. Es más, hay una refrán de negocios que dice: «Asegúrate de tomar prestado del banco lo suficiente como para que este se convierta en algo más que tu prestamista. Si el préstamo es grande el banco se convierte en socio tuyo». Cuando Dios escucha nuestras peticiones no las aísla del resto de nuestras vidas. Si va a contestar nuestras oraciones Dios desea ser algo más que nuestro socio. Espera ser el Jefe Principal de operaciones de nuestras vidas.

La oración adecuada ocurre en el contexto de una vida total con Dios. Tengo una expresión que le digo con frecuencia a mi esposa, Charleen. Es parte de nuestra comunicación matrimonial que podría carecer de sentido para usted, pero es significativa para nosotros. Le hablo acerca de casi todo lo que sucede en mi vida, desde las decisiones principales hasta las trivialidades de cada día. Le expreso mis sueños, mis ideas, mis problemas e intereses. Y entonces muchas veces digo que «nada parece real hasta que te lo cuento». Eso es así porque ella es una parte muy importante de mi vida.

Dios pretende que acontezca el mismo sentimiento de realidad y cercanía mediante la oración. Dios es tan vital para nuestras vidas que debemos hablarle acerca de todo, pedirle sus opiniones, su consejo y su voluntad. Es como si «nada fuera real» en nuestras vidas hasta que primero le oremos acerca de ello a Dios.

Es en el trasfondo de esta constante comunicación con Dios que Santiago 4.3 comienza con «Pedís». Para que la motivación de nuestra oración sea correcta, debe fluir de una relación con Dios que sobreabunde en comunicación, una en la cual hablamos, y pedimos en cuanto a casi todo en nuestras vidas. He aquí otra manera de decirlo: pedir es bueno y necesario, pero cada petición ha de ser parte de un diálogo diario con Dios respecto al todo de la vida.

Pedir no garantiza recibir

Una vez más la Biblia nos recuerda que pedir no garantiza recibir. Santiago describe una realidad común en la oración: «Pedís, *y no recibís*».[1] Las respuestas a la oración dependen de Dios, no de nosotros. Él muchas veces rechaza oraciones o no las contesta porque se basan en motivos inapropiados. Pero hasta los buenos motivos no son garantía de un *sí*. Los malos motivos pueden bloquear las respuestas de Dios. Los buenos no cumplen necesariamente con su voluntad.

Algunas veces cristianos maravillosos se encuentran en situaciones difíciles y oran como si eso no fuera cierto. Están convencidos de que Dios responderá a cada oración justamente como lo han pedido, de poder realizar sus oraciones de una manera exactamente correcta. Creen que lo vasto de su fe es lo que provoca la respuesta positiva de Dios. Suponen que mientras más personas se reúnan a orar habrá mayor probabilidad de conseguir la respuesta que desean. Algunos hasta afirman que las oraciones en voz alta e intensas aseguran resultados correctos.

Dios elige cómo responderá a la oración. Jamás lo reduzcamos a una computadora que hará lo que le pidamos porque ordenamos la instrucción correcta. Dios es una persona, no una máquina. La decisión final es suya, no nuestra. La fe es la creencia de que hará lo que cree correcto y lo mejor, no que

---

1 Énfasis añadido.

obtendremos la respuesta que deseamos. Sin embargo, Santiago 4.3 señala que parte de la oración depende de nosotros: las oraciones no reciben respuesta porque se piden con motivos equivocados.

Los motivos cuentan

Los motivos cuentan gran parte del tiempo, pero no siempre. Suponga que tiene un escape de gas natural en su hogar. Podría invitarme a ayudar sabiendo que realmente me ocupo de usted y que deseo arreglar el escape. Comienzo encendiendo un fósforo para determinar de dónde viene el escape. Su casa explota y terminamos seriamente heridos. Considere esto: el gas natural no elige explotar o no explotar basado en mis motivaciones. En este caso no importa si estoy motivado por amor, estupidez o el delito de incendiar. Los resultados son iguales.

Donde los motivos *siempre* importan es en las relaciones. Si su vecino le recoge la correspondencia mientras está fuera de vacaciones, usted se alegra o entristece dependiendo de las motivaciones de él. Se alegra si procura ayudarle. Se enfurece si quería leer su correspondencia e invadir su vida privada.

Las motivaciones son cruciales para la oración porque ella está totalmente basada en la relación entre Dios y nosotros. Las relaciones lo son todo para Dios; deberían importarnos mucho. Dios valora mucho el amor, el cuidado, el perdón y el compromiso. Se deleita cuando estamos en las buenas con Él y se decepciona profundamente cuando estamos en malos términos.

Lo que todo esto significa es que Dios responde a nuestras oraciones basado más en nuestra relación con Él que en la profundidad de nuestro deseo porque se responda a nuestras oraciones. Compare eso con las relaciones humanas, entre compañeros de trabajo, amistades, amantes, padres y niños, cónyuges, patronos y empleados. Cuando la relación es buena, es más probable que le demos a la otra persona lo que pide. Pero cuando sabemos que la relación es amarga y la persona es egoísta, es probable que digamos que no.

Imagínese en el trono de Dios escuchando las siguientes peticiones. Decida por usted mismo cuáles peticiones concedería basado en las motivaciones subyacentes:

Petición	Motivo No. 1	Motivo No. 2
Cura mi enfermedad	Probarles la grandeza de Dios a los incrédulos	Para tener mejor salud que mi hermano
Hazme rico	Ayudar al pobre	Porque me gusta el dinero
Salva a Juana	Salvar su alma	Para casarme con ella
Dale sabiduría al presidente	Porque 1 Timoteo 2.1-2 nos ordena que oremos por los que tienen autoridad	Porque es miembro de mi partido político
Sentencia al pecado	Porque Dios es santo y odia al pecado	Porque los pecadores me están molestando
Trae buen clima	Para ayudar a los agricultores a recoger su cosecha	Para disfrutar de la playa

Los posibles ejemplos son interminables. El asunto es que las oraciones que se pronuncian de manera superficial parecen en realidad completamente diferentes en su motivación. En algunos casos los motivos son justos. Pero cuando son egoístas y hasta pecaminosos, Dios niega peticiones que de otra manera concedería. La Palabra dice: «Cuando piden, no reciben, porque lo hacen con motivos errados».

El placer egoísta no resulta

Un motivo erróneo merece atención especial. En cierto sentido, es el que cubre todas las motivaciones equivocadas: el placer egoísta.

Orar por ganancia egoísta hace que Dios sea contrario a nuestras peticiones. Trágicamente, el placer egoísta es la razón principal por la cual muchas personas oran. Hay movimientos religiosos completos que enseñan este egocentrismo como la manera correcta de orar, especialmente pidiéndole a Dios salud y riqueza personal. Dicen que los cristianos están enfermos solamente porque no le piden a Dios que los haga saludables; los cristianos no son adinerados solamente porque jamás reclaman la prosperidad que Dios tiene para ellos; son infelices solo porque no confían en Dios para que los haga felices. Se entiende el atractivo, pero la enseñanza de «salud y riqueza» o «menciónalo y reclámalo» es contraria a la Biblia. Raya casi en lo sectario y lleva a personas vulnerables a una gran decepción.

William Barclay, el famoso erudito británico, escribió que «la elección definitiva en la vida está entre complacerse uno mismo y complacer a Dios». Las vidas basadas en el egoísmo y el placer básicamente no son cristianas. Lucas 8.14 habla acerca del evangelio de Jesucristo como una semilla, explicando: «La que cayó entre espinos, éstos son los que oyen, pero yéndose, son ahogados por los afanes y las riquezas y los placeres de la vida, y no llevan fruto». Es fácil vivir para las preocupaciones, las riquezas y los placeres en vez de vivir para Dios. Conozco por experiencia propia la constante tendencia a desearlo todo a mi manera. Puedo orar con facilidad para que Dios lo convierta todo a la manera que deseo, consumiéndome y usando a Dios para alcanzar lo que quiero. Sin problema alguno puedo trastornarlo todo y pensar en Dios como mi sirviente para que haga lo que me alegra en vez de ser el siervo que alegre a Dios.

La noche antes de la batalla de Tawara, en la Segunda Guerra Mundial, quince soldados se reunieron en un círculo de oración con el capellán Wyeth Willard. Todos, reportó el capellán, pronunciaron más o menos la misma oración: «Señor, mañana invadiremos las playas de Tawara. Nuestros oficiales nos han dicho que será una batalla sangrienta. Muchos de nuestro bando morirán. Si así ha de ser, Señor, permite que aquellos que somos cristianos seamos los que mueran. Libra a los que todavía no han creído para que tengan más tiempo para decidirse por Cristo. En el nombre de Jesús. Amén». Esas fueron oraciones con motivos sublimes. Le pidieron a Dios por el bien ajeno y no por el placer propio.

Esas son las motivaciones que le llaman la atención a Dios.

Las oraciones egoístas raras veces son buenas oraciones. Cuando estamos llenos de nosotros mismos nuestras oraciones tienden a estar mal. Cuando estamos centrados en Jesucristo es probable que nuestras oraciones sean correctas. Por favor, no me malinterprete. No es que Dios no desee nuestro bien. Es que Él no es tacaño. Es que desea que oremos con nuestros corazones fijos en Él, no en nosotros mismos. Jesús explicó que los que hacen sus tesoros en la tierra experimentarán corrupción y podredumbre. Los que buscan a Dios, su reino y sus caminos, obtendrán todo lo que necesitan (Mateo 6.25-34).

Una nota más importante antes de dejar a Santiago 4.3. En este versículo se presume implícitamente que *las oraciones petitorias jamás deben buscar recursos para el placer personal.* Francamente, eso descalifica a muchas oraciones. Véalo de esta manera:

Dios se ocupará de nuestro placer.
Debemos buscar primordialmente nuestro placer en Dios como
 Persona, no en lo que nos da.
Somos parte de una comunidad de fe en que los cristianos
 deben orar por los beneficios y los placeres mutuos.

Dios se deleita en darnos cosas buenas, y aprueba cuando le

pedimos que nos dé lo que necesitamos. Pero la oración primero debe procurar agradar a Dios y beneficiar a otros. La oración no es como el autoservicio.

¿Cómo sé que mis motivos son equivocados?

He aquí una verdad sobria: Las personas con los peores motivos son las que probablemente jamás se molestan en probar su motivación o considerar lo que Dios piensa. Oran a Dios por ayuda para vengarse. O por espaldas en que apoyarse mientras suben la montaña empresarial. O hasta por destreza para robar un banco, matar a un enemigo o seducir a alguien por placer sexual. El egoísmo es enceguecedor. No nos deja ver la realidad, mucho menos la justicia. Con egoísmo extremo llega la racionalización extrema, preparando excusas mentales que hacen parecer las oraciones más pecaminosas en algo legítimo y culpando a Dios por no conceder lo que se pidió.

Para aquellos cuyos corazones están endurecidos con egoísmo solo hay una solución. La convicción sobrenatural de que el Espíritu Santo le da al pecador una conciencia profunda de su pecaminosidad. Dicha conciencia debe llevar al hombre o a la mujer al arrepentimiento, a un cambio de parecer, a una reorientación de la vida. La persona que experimenta la intervención de Dios abandonará las oraciones egoístas y ofrecerá oraciones de perdón. Cuando Dios perdona el pecado y cambia un corazón, la oración será motivada por amor a otros.

Mi interés inmediato yace en los cristianos con corazones sinceros que luchan para juzgar sus motivaciones propias. Ellos *quieren* orar por motivos correctos. *Tratan* de orar con los motivos correctos. Pero se preocupan continuamente porque su pecaminosidad personal y sus deseos innatos obstaculizan el camino de sus oraciones y entorpecen las respuestas de Dios. Esa preocupación muchas veces es evidencia misma de que las motivaciones son correctas. Los que se preocupan lo suficiente como para probar continuamente sus motivos casi siempre están dispuestos a someterle sus actitudes y deseos al escrutinio del Espíritu. No tienen problema con las oraciones interesadas. Pero muchos aún se preocupan por ello.

Para aquellos que tienen un espíritu sensible, he aquí algunas sugerencias prácticas para determinar y eliminar los motivos erróneos en la oración:

1. *Reconozca que sus motivos pueden estar equivocados.* Este es un aspecto de la vida espiritual en donde nos inclinamos a creernos algo más de lo que realmente somos. Proverbios 16.2 nos advierte sinceramente que «Todos los caminos del hombre son limpios en su propia opinión». Queremos lucir bien. Nos damos el beneficio de la duda. Así que debemos comenzar reconociendo la posibilidad y/o probabilidad de que nuestros motivos no son tan inocentes como juzgamos a primera vista.

2. *Pídale a Dios que escudriñe y le revele cualquier motivo erróneo.* Esta podría ser una dolorosa oración. Pero cuando nos damos cuenta de que el amor de Dios y nuestro beneficio son la meta, el proceso se facilita. David le ofreció consejo específico a su hijo Salomón: «Jehová escudriña los corazones de todos, y entiende todo intento de los pensamientos. Si tú le buscares, lo hallarás; mas si lo dejares, Él te desechará para siempre» (1 Crónicas 28.9).

David habló por experiencia. Años antes había tomado a Betsabé, la madre de Salomón, en un amorío adúltero. En aquel entonces ella estaba casada con Urías, uno de sus amigos más leales e íntimos. Aun después de haber cometido adulterio y asesinato, no estaba claro en cuanto a sus pecados y sus impulsos internos. Oró: «Examíname, oh Dios, y conoce mi corazón; pruébame y conoce mis pensamientos; y ve si hay en mí camino de perversidad, y guíame en el camino eterno» (Salmos 139.23-24).

3. *Pregúntese: «¿Deseo complacer a Dios por encima de todo?»*
Cuando los críticos se cuestionaron los motivos de Pablo, él ofreció una clara prueba en 1 Tesalonicenses 2.3-4. Dijo que su ministerio y lo que le pedía a Dios «no procedió de error ni de impureza, ni fue por engaño, sino que según fuimos aprobados por Dios para que se nos confiase el evangelio, así hablamos; *no*

como para agradar a los hombres, sino a Dios, que prueba nuestros corazones».[2] La prueba práctica de su corazón era preguntar a quién estaba tratando de complacer. Si trataba de complacer a Dios, sus motivaciones eran buenas.

Podemos realizar la misma prueba. Cuando nos preguntemos qué nos mueve a orar, podemos preguntar: *¿Acaso es esto para complacerme?* (motivo erróneo). *¿Es esto para complacer a otros?* (motivo erróneo). *¿Es esto para complacer a Dios?* (motivo correcto). La garantía en esta prueba es que Dios forma parte de ella. Él prueba nuestros corazones. Sabe a quién intentamos complacer. El problema con esta prueba es que parece como si cada oración nuestra debería motivarse por la miseria y el sacrificio propios. Esto no es cierto. Es muy raro que los motivos sean ciento por ciento puros. Normalmente son mixtos, y no hay nada malo con nuestro placer o en complacer a otras personas. Sin embargo, la mejor motivación pone a Dios primero, buscando a Dios y a su reino antes que a cualquier otra cosa o cualquier otra persona. Es darle al placer de Dios la principal consideración en cada motivación y decisión.

4. *Confiese y aclare cualquier pecado o motivo erróneo.* Una vez que reconozcamos nuestros pecados o motivos erróneos, debemos confesárselos a Dios, sabiendo que perdonará cada pecado y eliminará cada barrera. «Si confesamos nuestros pecados, Él es fiel y justo para perdonar nuestros pecados, y limpiarnos de toda maldad» (1 Juan 1.9). La palabra «confesar» significa «concordar con». Debemos concordar con Dios, en otras palabras, que lo que hemos hecho es pecado y que nuestras motivaciones son malas. Una vez que hagamos esto, Dios acuerda perdonar para siempre y limpiar el mal.

5. *Confíele sus motivos a Dios.* No tenemos que mirar muy lejos en muchas iglesias para ver que algunos cristianos son perpetuamente introspectivos. Están convencidos de que sus motivos más puros son imperfectos de una u otra manera. Independientemente de lo que Dios o la Biblia diga se aferran a la

---

2 Énfasis añadido.

culpa perdonada mucho tiempo atrás. No parecen ver la luz verde de Dios para continuar adelante. Jamás encuentran la libertad para servirle con gozo y orarle sin avergonzarse.

Puede ser que nuestro mayor pecado sea no confiar en Dios para que aclare nuestras motivaciones, juntamente con el desgano de aceptar su perdón cuando lo necesitamos. Es un acto de fe creer que Dios nos mostrará si nuestros motivos son errados y que los perdonará para que ya no sean una barrera para nuestras oraciones. Dios nos llama a seguir estos pasos bíblicos y luego orar con una conciencia clara y plena confianza en Dios.

Cuando nuestras oraciones no reciben respuesta o son negadas debido a motivos errados, debemos comenzar con Dios. Dejar de tratar de usarlo y comenzar a amarlo. Pedirle que ocupe el centro de nuestra vida. Pedir lo que Él desea, y no lo que queremos. Podemos pedirle hacer lo que lo alegre a Él en vez de decirle qué es lo que puede hacer para alegrarnos. Hay una fascinante transformación que empieza a ocurrir cuando hacemos esto. Descubrimos en la vida enfocada en Dios un nivel de satisfacción, contentamiento y placer que el cumplimiento de todo nuestro egoísmo jamás podría realizar.

Oración por motivos correctos

Dios puro y perfecto, estoy luchando con mis motivaciones. No siempre me conozco bien. Muchas veces oro y realmente no sé si mi corazón es bueno o malo. Necesito tu ayuda.

Prueba mi corazón. Revélame cualquier motivación errónea. Muéstrame mi pecado y llévame a una confesión completa. Por favor, sé gentil conmigo. Dame el valor para verme como me ves.

Estoy de acuerdo contigo en que no debí hacer lo que hice. Concuerdo contigo en que debí hacer lo que no hice. Estoy de acuerdo contigo en que mis motivaciones muy frecuentemente son complacerme en lugar de complacerte. Lo confieso y pido tu perdón.

Acepto tu perdón. Te creo cuando me dices que nuestra relación es correcta y nuestros canales de comunicación están claros. Me siento bien contigo y eso me hace sentir bien en cuanto a todo lo demás.

Ahora, Señor, ofrezco mis peticiones con un corazón lleno, con el deseo de deleitarte, y con fe en que escucharás y responderás a mis oraciones. Amén.

Diez

¿Cambia la oración
las cosas?

Millones de placas que cuelgan en las paredes declaran: «¡La oración cambia las cosas!» Pero, ¿es cierto? La oración, ¿realmente causa alguna diferencia? Muchos se apurarían en decir que «Si la oración no cambia las cosas, ¿entonces para qué orar?» ¿Acaso todo el asunto de la oración no es el *cambio* mismo?

Muchos proyectos de investigación científica buscan prueba objetiva de que la oración en verdad puede cambiar algo. Los investigadores en la Universidad de Arkansas, por ejemplo, están analizando la respuesta de las células musculares a las oraciones distantes. Los investigadores en la Universidad Temple planean usar una base de investigación de 150 infantes en alto riesgo para su determinación de la efectividad de la oración. Aun el Instituto Nacional de Salud, que cuentan con fondos del gobierno federal, está auspiciando un estudio en la Universidad de Nuevo Méjico para considerar los efectos comparativos de las oraciones católicas, protestantes y judías en

pacientes adictos al alcohol y a los narcóticos.[1] Una razón por
el súbito interés y los fondos es que las «Organizaciones del
Mantenimiento de la Salud» (conocidas por sus siglas en inglés
por *HMO*) están buscando maneras de ahorrar costos de atención médica y quieren saber si la oración hace algo.

La más famosa prueba de oración se condujo entre 1982 y
1983 por el Dr. Randolph Byrd, un cardiólogo de California.
Reclutó cristianos renacidos para orar por 192 pacientes ingresados al Hospital General de San Francisco. Había un grupo de
control paralelo de 201 pacientes a los cuales no se les asignó
oración. Nadie en el personal médico sabía qué pacientes obte-
nían oración y cuáles no.[2] «Menos pacientes en el grupo de
oración requirieron apoyo respiratorio, antibióticos o diuréti-
cos», escribió Byrd en *Southern Medical Journal* [Revista sureña
de medicina] de 1988. «Se consideró que en el grupo de oración,
85% pasaron un buena estadía en el hospital después de ser
ingresados, a diferencia de 73% en el grupo control... Se observó
una mala estadía en 14% del grupo de oración a diferencia de
22% en los controles». Byrd concluyó que «la oración interceso-
ra al Dios judeo-cristiano tiene un efecto terapéutico benéfico».[3]

Algunos desacreditan esos estudios como algo que no es
científico, conclusivo o apropiado. Desde un punto de vista
cristiano los intentos científicos por probar el poder de la oración introducen un problema inevitable. Si demuestran que la
oración verdaderamente trabaja de manera científica, entonces
Dios es reducido a un principio de la física. Si no logran mostrar
resultados basados en la oración, entonces se desacredita el
poder sobrenatural de Dios. La verdad es que Dios es mucho

---

1   Joseph Pereira, «The Healing Power of Prayer Is Tested by Science» [La
    ciencia prueba el poder sanador de la oración], *The Wall Street Journal*,
    miércoles, 20 de diciembre de 1995, p. B1.
2   *Ibid.*, p. B8.
3   Eric Zorn, «Let Us Pray» [Oremos], *Notre Dame Magazine*, otoño 1995, p. 48.

más complejo que lo que nuestros métodos científicos puedan entender o explicar.

Bueno, entonces, ¿cambia la oración las cosas o no? Antes de tratar de responder a esta importante pregunta, piense qué es la oración. Es comunión con Dios. La oración es comunicación dentro de una relación. Desde un punto de vista bíblico, el *cambio* no es el asunto primordial de la oración. Es más un asunto de amor y de relación con Dios.

Imagínese a un hombre y a una mujer que acuerdan verse. Mientras están en una fiesta en su apartamento la mujer ve una placa en la pared que reza: «El matrimonio cambia las cosas». Primero se ríe, pero entonces se percata de que él lo toma en serio. Cuando ella le pregunta qué significa la placa, él le dice: «Hay muchas cosas en mi vida que no me agradan y deseo cambiarlas. Bebo mucho. Estoy muy endeudado. No tengo trabajo. Todas mis novias anteriores están enojadas conmigo. Deseo casarme para que todas esas cosas puedan cambiar. Quiero casarme para tener lo que deseo y ser feliz».

Sorprendida por sus ideas, ella pregunta: «Y si el matrimonio no cambia las cosas, ¿qué deseas?»

Él responde: «¿Por qué habría de molestarme en casarme si el matrimonio no cambiara las cosas que deseo cambiar?»

Si esta mujer es inteligente saldrá disparada del apartamento y jamás volverá a salir con él. No importa cuán atractivo pueda parecerle su novio, ella desea un esposo que se case con ella porque la ama, porque desea estar con ella, debido a su *relación*. Ella no quiere casarse con un hombre cuya razón para el matrimonio es cambiar su vida, aunque algunos o todos esos cambios en realidad podrían ocurrir en un matrimonio.

¡Dios también tiene sentimientos! Acoge la oración. Pero para Él la oración se trata del amor, la relación y la comunicación, no es asunto de convertir a Dios en un genio celestial en una botella que concederá nuestros deseos cuando se los pedimos. Es cierto que ocurren cambios en una relación personal con Dios y que la oración es un medio importante para el cambio. Pero eso tiene un lugar secundario en la esencia de la oración. Esta sería un maravilloso y glorioso privilegio aun si nada cambia, simplemente porque la oración es nuestro medio de conectarnos con Dios. La oración se trata sobre todo de *Dios*, no del *cambio*. Es en este trasfondo de entendimiento de la oración que la pregunta principal en cuanto a si la oración cambia las cosas se despliega en cuatro partes: *¿Cambia la oración a Dios? ¿Cambia la oración las circunstancias? ¿Cambia la oración a otros?* y, *¿Me cambia la oración?* Examinemos estas preguntas por separado.

¿Cambia la oración a Dios?

Recuerde el relato del rey Ezequías, a quien se le diagnosticó la muerte, y comprensiblemente le rogó a Dios por su vida. Dios dijo que Ezequías moriría. Empero, luego de orar, Dios señaló: «Añadiré a tus días quince años» (2 Reyes 20.6). La oración cambió a Dios.

Pero los teólogos objetan la idea de que la oración pueda reorientar a Dios, diciendo que Él no puede cambiar. Dios es inmutable. Dios no cambia. Él mismo declara: «Porque yo Jehová no cambio» (Malaquías 3.6). Hebreos 13.8 nos enseña que «Jesucristo es el mismo ayer, y hoy, y por los siglos». Si Dios puede cambiar y así lo hace, nada ni nadie en el universo es constante. Y si no hay nada constante, no hay absolutos. Todo lleva al caos.

Aquí cruzamos una línea dentro de los misterios de Dios que nunca comprenderemos. Algunos explican que Dios eligió el cambio antes de nosotros pedirlo; sabía qué íbamos a pedir y que su respuesta sería afirmativa. Otros piensan que Dios elige dejar algunas opciones abiertas, esperando ver si pedimos o no. Aun otros reconocen que la persona que ora pudo haber realizado el cambio para ajustarse a lo que Dios ya había decidido.

Parte del misterio podrían ser las apariencias. Lo que a

nosotros nos parece un cambio divino realmente es el desenvol-vimiento del plan de Dios. Solo vemos pedacitos y partículas del drama que se desarrolla. Los planes de Dios, como un camino montañoso con curvas abruptas y desvíos, podrían aparentar cambios hacia adelante y hacia atrás cuando realmen-te están subiendo tal y como lo planificó Dios de acuerdo con su conclusión predeterminada.

La verdad es que no sabemos de manera exacta *cómo* este aparente cambio funciona. No lo sabemos porque Dios jamás nos lo dijo. O no lo hubiéramos entendido o Dios no quería que lo supiéramos. Sabemos que resulta. Las personas oran y Dios actúa de manera que se nos parecen mucho al cambio. Ezequías tal vez no trató de trazar argumentos teológicos complejos. Según él, oró y Dios cambió el diagnóstico. A él eso le bastaba.

¿Cambia la oración las circunstancias?

Confesaos vuestras ofensas unos a otros, y orad unos por otros, para que seáis sanados. La oración eficaz del justo puede mucho. Elías era hombre sujeto a pasiones semejantes a las nuestras, y oró fervientemente para que no lloviese y no llovió sobre la tierra por tres años y seis meses. Y otra vez oró, y el cielo dio lluvia, y la tierra produjo su fruto.

Santiago 5.16-18

¿Acaso la oración cambia las circunstancias? La enseñanza clara de Santiago 5.16-18 es que las oraciones de las personas justas son poderosas y efectivas. Elías oró y las circunstancias cambiaron.

Cualquiera que haya vivido en una finca en el campo ha orado muchas veces para que Dios cambie el clima. En la primavera y en el otoño se podría orar por cielos claros y vientos secos para que el campo pueda ser arado, plantado o cosechado. Si los campos están muy mojados para los tractores, la cosecha podría plantarse demasiado tarde para que madure por completo. O podría podrirse en los campos si no se cosecha a tiempo. Por otra parte, durante la temporada de crecimiento la falta de lluvia implica falta de crecimiento. La sequía podría ser desastrosa.

Elías oró por una sequía y no cayó lluvia por tres años y medio. Oró para que la sequía terminara y regresaran las lluvias.

«¡Pura coincidencia!» insiste el que duda. Quizás, ¡aunque los cristianos insistirán que hay muchas coincidencias cuando ellos oran!

Las circunstancias reflejan las respuestas de Dios a nuestras oraciones. Son la manera que usa Dios para pronunciar su atención e intimidad con nosotros.

Dios se comunica y se relaciona de distintas maneras a diferentes personas, especialmente las personas de distintas culturas. El idioma es el ejemplo más obvio. Como no leo ni entiendo swahili, japonés o portugués, Dios no se comunica conmigo en esos idiomas. Mis experiencias con Dios son en el español que hablo y entiendo. Leo la Biblia en español. Oro en español. Alabo y adoro a Dios en español.

Sin embargo, así como Dios usa diferentes idiomas para relacionarse con su pueblo, también emplea distintas maneras de comunicarse más allá del lenguaje. Se incluyen los *sueños*, las *visiones* y las *circunstancias*.

La versión de la Biblia *New International* [Nueva Internacional] tiene 210 referencias a sueños y visiones. Las personas antiguas esperaban que Dios les hablara mediante sueños, visiones y experiencias parecidas. Un ángel del Señor le habló a José en un sueño (Mateo 1.20) y le dijo que se llevara a María a su casa como esposa suya, aunque estaba embarazada. Zacarías tuvo una visión en el templo de Jerusalén (Lucas 1.13-20) diciéndole que su esposa daría a luz un hijo (Juan el Bautista) y que perdería la capacidad de hablar hasta el tiempo del nacimiento. Así como los antiguos experimentaron a Dios mediante sueños y visiones, muchos cristianos modernos todavía lo hacen. Algunos están en los EE.UU., aunque la mayoría están en otros países y culturas.

Para nosotros, entre las iglesias norteamericanas, es más común que experimentemos a Dios a través de las circunstancias que nos rodean. Es común escuchar a los creyentes decir: «El Señor se me acercó tanto. Me habló mediante todo lo que me sucedió ese día». Es más probable que oremos a Dios para que altere las circunstancias de nuestras vidas que pedirle que nos hable mediante una visión. Cuando oramos esperamos que Dios cambie las circunstancias más de lo que esperamos que Dios o un ángel se nos aparezca en un sueño.

Busco a Dios en las circunstancias. Creo que es Señor de todo y que mediante su poder y providencia cumple sus propósitos en los cientos de millones de circunstancias que ocurren cada día. Eso no quiere decir que cada circunstancia es provocada por Dios o que le agrade. Ciertamente el mal también se cumple a través de las circunstancias.

No obstante un mundo en donde Dios nunca interviene en respuesta a nuestras peticiones no tiene esperanza. Si Dios no cambia las circunstancias, entonces la oración llega a ser absurda. Peor aún, si Dios no cambia las circunstancias, entonces su poder y su presencia misma también llegan a ser increíbles y no confiables. Creer que Dios es tanto poderoso como presente significa que reconozco que trabaja mediante las circunstancias. Si no, estoy forzado a decir que Dios es poderoso pero demasiado distante como para involucrarse en nuestro mundo y en mi vida, o que lo está pero es demasiado débil como para hacer una diferencia.

Eso hace que sea más apropiado que le hable a Dios en cuanto a mis circunstancias y que espere experimentarlo a través de lo que pasa. Nada es demasiado grande. Nada es demasiado pequeño. Dios puede cambiar las circunstancias para encontrar un estacionamiento o para detener los preparativos para usar una bomba nuclear.

¿Cambia la oración a otros?

Algunos de nuestros ruegos más apasionados son oraciones intercesoras, oraciones por otros. Padres orando por los hijos. Oraciones por esposos o esposas. Oraciones por iglesias, compañías y países. Cada día hay millones y millones de oraciones para cambiar a otros.

La Biblia tiene muchos ejemplos de oraciones por otros. También tiene muchos mandamientos para orar por otros:

> Amad a vuestros enemigos, bendecid a los que os maldicen.
>
> Mateo 5.44

> [Pablo pide oración para] que sea librado de los rebeldes que están en Judea, y que la ofrenda de mi servicio a los santos en Jerusalén sea acepta.
>
> Romanos 15.31

> Orando en todo tiempo con toda oración y súplica en el Espíritu, y velando en ello con toda perseverancia y súplica por todos los santos.
>
> Efesios 6.18

> Exhorto ante todo, a que se hagan rogativas, oraciones, peticiones y acciones de gracias, por todos los hombres; por los reyes y por todos los que estén en eminencia, para que vivamos quieta y reposadamente en toda piedad y honestidad.
>
> 1 Timoteo 2.1-2

Dios nos llama a orar por otros presumiendo que la oración hará una diferencia. Dios efectuará el cambio. Ese es el propósito de la intercesión.

Sin embargo, debemos tener cuidado de resguardarnos contra cualquier idea de que nuestras oraciones puedan predominar sobre la voluntad o los pecados de otra persona. Dios les permite a las personas que realicen malas elecciones y que pequen. Si otra persona elige cometer asesinato, ser inmoral, abusar o hacer alguna cosa mala no podemos forzarlos con nuestras oraciones para que hagan lo correcto. Ellos toman sus propias decisiones. Esas elecciones podrían ser terribles. Podrían dañar a otros. Podemos y debemos orar para que Dios influya en otros a través de las circunstancias y la conciencia para que hagan lo correcto. Pero deja que cada uno de nosotros elija por su propia cuenta.

Luego de la muerte de su padre un hijo adolescente se separó de su familia. Stephen se rebeló contra la atención de su madre e ignoró a sus hermanos más jóvenes. Se mudó, comenzó una vida de drogas, inmoralidad y ocultismo. Su madre lloró. Le rogó a Dios que su hijo regresara a Él y a su familia. A finales de sus veinte años se arrepintió. El dolor que había experimentado lo convirtió en un testigo efectivo para los adolescentes y las familias en crisis. Dios usó muchas herramientas para hacer que su hijo volviera a la fe, incluyendo la Biblia, una poderosa convicción de pecado y las palabras francas de su joven hermana. ¿Acaso las oraciones de su madre efectuaron cambio en Stephen? Sí, por supuesto. ¿Lo decidió por sí mismo? Sí, así lo hizo.

Quizás la parte más dolorosa de orar por otros es la falta de garantías. Es posible que otra madre ore tan intensa y extensamente sin que su hijo responda jamás como lo hizo Stephen. La responsabilidad de orar la da Dios. Él espera que ejerzamos ese privilegio. Responderá a esas oraciones actuando con una influencia poderosa contra el pecado y hacia la justicia en la vida de la otra persona. Empero Dios también permitirá que esa persona elija, y que peque.

¿Acaso me cambia la oración?

La cuarta y última pregunta casi siempre es la que menos hacemos: «¿Acaso me cambia la oración? En términos prácticos es la pregunta más importante de todas.

¡Jesús creyó que la respuesta a esta pregunta es un *sí* categórico! Durante esa noche antes de ser crucificado oró mucho por sí mismo. Cuando tomó un receso de sus oraciones y conversó con sus tres mejores amigos, les dijo que hicieran lo mismo y oraran por ellos mismos: «Para que no entréis en tentación» (Mateo 26.41). Jesús sabía que la vida es un campo de batalla espiritual. Cada cristiano está amenazado por las minas en el suelo y las balas en el aire. La tentación hace que corramos el riesgo de ser despedazados por el pecado. Orar por nosotros mismos es la mejor protección. Las oraciones mismas no son las que nos protegen. Son el medio de utilizar las grandes fuerzas de Dios en nuestras vidas.

La primera meta de la oración no es hacer que Dios cambie de parecer para que haga las cosas a *mi* manera. Es cambiarme para hacer las cosas a la manera de *Dios*. Es como llevar el auto para alinearlo. Guiarlo, tomar las curvas, los hoyos y los bultos desalinean las llantas del chasis del auto. Los técnicos no doblan el chasis para que se ajuste a las llantas. Ajustan las llantas para que se alineen con el chasis.

Lo mismo es cierto conmigo. Cada día necesito realinearme con Dios: mis pensamientos con sus pensamientos; mi voluntad con su voluntad; mi vida con su vida. Sí, la oración me cambia a mí.

Oración por el cambio verdadero

Antes de abandonar la pregunta «¿Cambia la oración las cosas?» considere algunas anotaciones adicionales:

1. *En sus oraciones, concéntrese en Cristo, no en el cambio*. El cambio sin Cristo no vale nada. Cristo sin cambio es imposible.

Busque a Cristo más que el cambio para obtener lo mejor de ambos.

2. *La oración es relacional, no mecánica.* ¿Por qué cuando los ancianos oran para que los enfermos se sanen a veces resulta y otras no? Porque toda la oración está entretejida en lo complejo de la relación. No es una transacción mecánica como presionar un botón.

Solo tengo que presionar el botón del elevador una vez para que venga y las puertas se abran. Las personas no son así. Decirle «¡Ven!» a un cónyuge raras veces es un buen acercamiento. Las relaciones incluyen tiempo, intimidad, reconciliación y mucho más.

Jamás considere la oración como una manera de empujar el botón de Dios y demandar resultados inmediatos. Recuerde que la oración a Dios siempre está conectada con una relación con Él.

3. *Dios se deleita en darnos el bien.* Cuando oramos podemos animarnos al recordar a quién le estamos hablando. Dios es nuestro amoroso Padre. Siempre está a nuestro lado, deleitándose en hacernos y darnos el bien.

Cuando Jesús enseñó en cuanto a la oración nos dijo que pidiéramos. Nos hizo saber qué esperar. Comparó nuestras oraciones a las de un niño pidiéndole comida a un padre humano. «Por favor, papá, pásame el pescado». ¿Qué padre le daría a su hijo un plato de serpientes venenosas? O si un hijo dijera: «Quiero un huevo», ¿qué padre le pondría un escorpión en su plato? Jesús hizo esta comparación: «Pues si vosotros, siendo malos, sabéis dar buenas dádivas a vuestros hijos, ¿cuánto más vuestro Padre celestial dará el Espíritu Santo a los que se lo pidan?» (Lucas 11.13).

Dios el Padre es mejor que el mejor de los padres humanos. Él no juega con nosotros. No nos hace daño. Nunca procura hacernos mal. Es un padre maravilloso que se deleita en hacernos el bien.

Dos respuestas diferentes

Theressa Frost recibió dos respuestas diferentes a dos patrones de oraciones por cambio físico:

Las señales estuvieron presentes por años. Todo el dolor, las infecciones, las pruebas positivas eran una evidencia constantemente abrumadora de la pielonefritis y el resultante daño en los riñones. Una cirugía realizada en 1951, luego del nacimiento de mi tercer niño, había corregido el problema del drenaje del riñón derecho pero no detuvo las infecciones agresivas. El nacimiento de otro niño en 1955, después que se me aconsejara no tener otro, dañó el riñón aún más.

Así que ahora era el momento de pagar por ello. Llevaba nueve meses en mi programa universitario cuando sentí tanto dolor que fui a ver a un especialista en riñones. Luego de estudiar los rayos X su primer comentario fue: «Si este fuera mi riñón, me lo sacaría lo más pronto posible». Casi me dio un ataque, jamás soñé que iba a sugerir algo así. Otra cirugía, más medicina, ciertamente, pero no perder un riñón.

No hacía ni un mes que me dijeron que necesitaba una histerectomía debido a problemas agudos y prolongados de desangramiento, y ahora esto. ¿Cómo podría lidiar con esto y mucho menos quedarme en la universidad para ver realizado el sueño por el cual había esperado tanto tiempo de obtener un título académico? De pronto mi frustración y mis emociones me abrumaron. ¿Acaso Dios podría decirme que *no*?

Luego de mucha confusión, temor, emociones y oración, decidí llamar a mi pastor y pedirle que los ancianos de la iglesia oraran por mí. Esa misma noche él y unos diez ancianos vinieron a mi casa y oraron conmigo y mi esposo. Un anciano tenía grandes esperanzas con mi sanidad y creyó que sucedería. Nunca creí que iba a ser sanada, pero pensé que estaba haciendo lo que Dios quería que hiciera de acuerdo con la Escritura.

El tiempo pasó y estaba muy desganada como para actuar. Pero el dolor y la enfermedad me afectaron mucho, así que decidí hacer los arreglos para que me quitaran el riñón derecho la víspera del Día de Acción de Gracias. Mi familia apoyó mi decisión y se me unieron para animarme y mostrarme amor. Ciertamente Dios decía que *no* a la sanidad.

Me sacaron el riñón, seguido por un período de recuperación extremadamente lento. Los médicos jamás prometieron nada, ya que era imposible saber si mi riñón izquierdo haría el trabajo. No podían saber cuán rápidamente mi cuerpo compensaría por la sobrecarga de sanar y eliminar el veneno de la enfermedad. La sanidad llegó en forma lenta, no milagrosamente como se lo había pedido a Dios. Fue el poder sanador de Dios lo que se impuso, pero de la manera que Él planificó y no como lo pedí. Jamás necesité histerectomía. Ese problema se resolvió lentamente por sí mismo. El otro riñón aumentó para encargarse de todo el cuerpo. Siempre tomaré antibióticos y estaré sujeta a infecciones extremas que me afectan de vez en cuando, pero Dios da gracia y fortaleza.

La segunda vez que llamé a los ancianos para que oraran por mí todo comenzó muy inocentemente. Mi esposo y yo asistimos a una venta de pollo asado en la iglesia para los estudiantes de la escuela primaria. La comida fue deliciosa, pero mientras mordía el último pedazo de pollo sentí un pequeño y afilado hueso en mi boca. Me lo tragué involuntariamente. Problemas respiratorios me llevaron a la sala de emergencias del hospital en donde una extensa exploración no mostró hueso alguno. Pero mi esófago tenía problemas. Pudo haber sido dañado por el hueso o quizás por la evaluación. Me dejaron pasar la noche en el hospital.

Durante la noche desarrollé serios ritmos erráticos en mi corazón, lo que hizo que me mudaran para la «Unidad de Cuidado Intensivo Cardíaco». Una serie de especialistas vinieron a evaluarme, ninguno de ellos pudo encontrar la causa de mi intenso dolor y la hinchazón que sufría. Finalmente el equipo de médicos decidió que la causa era el esófago perforado, que había causado mediastinitis, una inflamación como la peritonitis, pero que se encuentra en el espacio del pecho tras el esternón. Tenía un pulmón caído y desarrollé doble pulmonía. Los médicos me instalaron un tubo para alimentarme en el pecho.

Veinte días después mi esófago todavía no había sanado. Mi pastor y su esposa me visitaron y pregunté cuándo sería un buen momento para que los ancianos oraran por mí. Él dijo: «¡En cualquier momento!» Esa noche los ancianos vinieron al hospital y, con mi esposo y mi hijo, se tomaron de las manos, alrededor de mi cama, y oraron por mí. Realmente creí que Cristo estaba allí imponiendo sus manos sobre mí, sanándome en cuerpo y espíritu. Les dije que creí que lo único que Dios me pedía era que fuera obediente, y que había cumplido con eso pidiéndoles a los ancianos que oraran por mí. Estaba inmensamente agradecida.

Después que se fueron, las enfermeras trabajaron conmigo y tuve una serie de problemas con un drenaje descontrolado de las heridas y unas líneas de suero que estaban sucias. Entonces controlaron todos los problemas. Al día siguiente el especialista inspeccionó los drenajes y se percató de la gran mejoría en la apariencia de cada uno. Hice otra prueba de tinta para ver si el esófago estaba sanado, y hubo una gran mejoría. Luego se me tomó un rayo X que mostró una sanidad completa en mi esófago. Pude comer nuevamente por primera vez en mucho tiempo. El especialista habló de cirugía adicional y la necesidad de enviarme a casa con un tubo para alimentarme y comida líquida. Pero

Dios me libró de todo eso. Dios me había sanado y lo alabé, entonces y ahora. ¡En esta ocasión dijo que *sí*!

¿Acaso hace la oración alguna diferencia? ¡Absolutamente!... pero no siempre como lo pedimos. Para Theressa Frost la primera respuesta fue *no* y la segunda *sí*. En ambas ocasiones confió en Dios y en ambas ocasiones Dios ofreció respuestas claras a oraciones específicas.

Oración por el cambio

Inmutable Dios, ¡cámbiame!

Admiro tu coherencia. Estoy agradecido por la verdad de que siempre eres el mismo. Me sorprende que puedas ser el mismo y no aburrirte. Siempre eres emocionante. Tienes tanto que ofrecer. Tienes infinitamente más facetas que un diamante. Apareces más hermoso en cada haz de luz. Eres la estabilidad del mundo y la fortaleza de mi vida.

Señor, quiero ser como tú. Oh no, no quiero ser tú. No pido ser Dios. Simplemente deseo que tu semejanza se vea en mí. Cámbiame, sacando cada pecado, llenándome con tu bien. Ayúdame a verlo todo desde tu punto de vista. Moldéame para querer lo que deseas. Haz de mí una herramienta para alcanzar tus propósitos.

Si espero a que cada cambio necesario se realice en mi vida antes de orar por otros, de mis labios nunca se escucharán oraciones intercesoras. Así que debo orar por tu misericordia y gracia en las vidas de mi familia, las personas de nuestra iglesia, los líderes en autoridad, los pobres y los necesitados, los enfermos y los heridos, los perdidos espiritualmente y los rebeldes y todos los otros que tu Espíritu traiga a mi mente y lengua.

Sin un pleno entendimiento de cómo ocasionas el cambio, te entrego a todos y todo lo que requiere cambio. Continuaré orando independientemente de que pueda ver su cumplimiento durante mi vida. Confiaré en que realizarás el bien en las vidas de los que conozco y amo... convencido de que los conoces mucho mejor que yo, creyendo que amas a mis amados más de lo que jamás pueda amarlos.

En el nombre de Cristo que hace posible mi transformación. Amén.

Once

Pedir una y
otra vez

«La historia de mi oración sin respuesta tiene que ver con nuestra hija adoptada, que es farmacodependiente», así es como comienza a orar esta madre.

»Nos arrodillamos en oración por ella durante trece años. Comenzó a usar alcohol y drogas cuando tenía quince años, sin que lo supiéramos. Jamás la vimos beber o usar drogas durante todos esos años. Comenzó a escaparse de la casa a los quince. Se metió en problemas con la ley. Ha estado en ambientes muy peligrosos y negativos. Es una víctima del abuso doméstico.

»Criamos a su hija de ocho años de edad desde que tenía tres, a medida que el vicio de nuestra hija progresó y no quería o era incapaz de ayudarla. Es algo tan triste y doloroso. Continuamos orando cada día y confiamos en Dios por respuestas. Lo intentamos todo. Frecuentamos cada grupo de apoyo posible. Necesitamos sabiduría y dirección para criar a nuestra nieta.

Necesitamos apoyo de oración. Solo sabemos de parte de nuestra hija dos o tres veces al año».

¿Es tiempo de que esta pareja se rinda? ¿Deben dejar de orar? Hay un relato especial de Jesús para esta pareja y todos los cristianos que oran por mucho tiempo sin recibir los profundos deseos de sus corazones.

El relato de Jesús para quienes se sienten tentados a abandonar la oración

También les refirió Jesús una parábola sobre la necesidad de orar siempre, y no desmayar, diciendo: Había en una ciudad un juez, que ni temía a Dios, ni respetaba a hombre. Había también en aquella ciudad una viuda, la cual venía a él, diciendo: Hazme justicia de mi adversario. Y él no quiso por algún tiempo; pero después de esto dijo dentro de sí: Aunque ni temo a Dios, ni tengo respeto a hombre, sin embargo, porque esta viuda me es molesta, le haré justicia, no sea que viniendo de continuo, me agote la paciencia. Y dijo el Señor: Oíd lo que dijo el juez injusto. ¿Y acaso Dios no hará justicia a sus escogidos, que claman a Él día y noche? ¿Se tardará en responderles? Os digo que pronto les hará justicia. Pero cuando venga el Hijo del Hombre, ¿hallará fe en la tierra?

Lucas 18.1-8

Esta es una de las parábolas más extrañas y motivadoras que contara Jesús. A diferencia de otras de las suyas, esta comienza con el punto que Jesús quiere enfatizar. Es su relato para aquellos que se sienten tentados a abandonar la oración, los que oran y no reciben. Es para los que están cansados y desanimados en su oración. Es para los que consideramos todas las posibles explicaciones a la oración sin respuesta y ya no sabemos qué hacer. Jesús nos ofreció a todos este relato «sobre la necesidad de orar siempre, y no desmayar».

Es una historia especialmente para los que agonizan por las iniquidades de nuestro mundo. ¿Dónde está Dios cuando personas con armas de fuego les disparan a víctimas inocentes en centros comerciales y oficinas de correo? ¿Por qué Dios permite que padres y madres les ocasionen tanto daño a niños pequeños? ¿Y qué del estudiante honesto que recibe una calificación más baja porque rehúsa hacer trampa en una prueba? Considere la madre soltera consagrada que ora por su ex esposo para que envíe el dinero para el sustento infantil que tan desesperadamente necesitan y que jamás reciben. Algunas veces queremos gritar con ira. «¿Dónde está Dios?» queremos saber. «¿Dónde está la justicia?»

Pensamos en tomarla por nuestra propia mano, buscar un abogado, comprar una pistola, llamar la atención en público o cualquier otra cosa que pudiera hacer la diferencia. En muchas situaciones *debemos* actuar, aunque de manera consagrada. Pero la primera y continua respuesta de los cristianos a cada situación prohibitiva es «la necesidad de orar siempre, y no desmayar».

Los personajes: Un juez y una viuda

El juez del primer siglo en el relato no era judío. En la cultura hebrea, casos como este no se llevaban ante los tribunales civiles sino a los ancianos de la sinagoga, que escuchaban la disputa entre los protagonistas y tomaban una decisión. De esa tradición judía obtenemos la instrucción neotestamentaria de que los cristianos no deberían demandarse el uno al otro ante los tribunales sino pedirle a la iglesia que sirva como árbitro para sus diferencias (1 Corintios 6).

Aun cuando los judíos del primer siglo usaban los tribunales civiles no había solamente un juez para tomar la decisión. Las leyes antiguas requerían tres jueces, uno elegido por cada partido más uno independiente que se unía al caso para romper cualquier empate.

Toda esta información nos dice que el oficial del tribunal en el relato de Jesús debe haber sido un juez romano. Notoriamente corruptos e injustos, los jueces romanos, basaban sus decisiones más en sobornos que en la ley o la evidencia. Todo el mundo sabía que si el demandante no tenía suficiente dinero para pagarle al juez, o rehusaba pagarle, no ganaría el caso.

Como si la reputación general y las prácticas corruptas no bastaran, este juez en particular «ni temía a Dios, ni respetaba a hombre». Era una persona particularmente mala en un sistema legal que ya era injusto. Solo se preocupaba por sí mismo. No determinaba los casos ante él en base al testimonio o la ley. Las personas sufrientes o dolidas no le importaban. Era un hombre sin conciencia, sin fe religiosa. Imagíneselo duro, egoísta, injusto, arbitrario y poderoso.

No fue ni el primero ni el último de su clase. Vivimos en un mundo pecaminoso en donde las personas malas suben al poder y las buenas se convierten en sujeto de sus antojos pecaminosos. Las prisiones nazis estaban llenas de soldados como este. El dictador de Uganda, Idi Amin, fortaleció a hombres malvados para que realizaran actos terribles en nombre del gobierno. Los terroristas alrededor del mundo, del pasado y del presente, manipulan o desafían la ley para que se ajuste a su política y les ocasionan sufrimiento indescriptible a las personas comunes y corrientes. Pero esas personas también están en la administración de nuestras compañías, en las oficinas de nuestro gobierno, en las cámaras de nuestros congresos y en los cuartos de nuestras casas. Pueden y les hacen la vida miserable a los que practican lo correcto y andan en integridad.

En la ciudad de este juez opresor vivía una mujer víctima de la injusticia. Es raro que la viudez sea fácil. Pero en tiempos antiguos era particularmente difícil, donde no había seguro de vida, beneficios de sobreviviente o los medios modernos para que una viuda se sustentara. Muchas eran explotadas, perdiendo lo poco que tenían. En respuesta a este problema tanto el Antiguo como el Nuevo Testamento llaman al pueblo de Dios a proteger y proveer para las viudas.

Como Jesús no nos dijo cuál era la dificultad particular de esta viuda, solo podemos adivinarlo. Quizás algún terrateniente poderoso le confiscó su propiedad. Tal vez se le negó una herencia que se le debía a raíz de las propiedades de su esposo. Quizás uno de sus hijos fue vendido ilegalmente como esclavo para pagar sus deudas. Aparentemente era pobre, indefensa y estaba desesperada. Si el juez no la ayudaba no podría hacer algo. La persistencia era la única táctica que le quedaba. Le rogó al juez: «Hazme justicia de mi adversario».

El juez se negó. Ella no le preocupaba. ¿Qué importa que estuviera oprimida y desesperada? No lo consideraba problema suyo. Rehusó y la despidió.

Ella insistió.

Él rehusó una vez más.

Ella volvió a pedirle.

Él volvió a negarse.

Ella continuó pidiéndole. Él siguió rehusándose.

Podemos imaginárnosla esperando fuera del tribunal, siguiéndolo por la calle, acercándosele en el mercado, molestándolo hasta llegar a la casa. Día tras día rehusó aceptar una respuesta negativa. Estaba desesperada y las personas desesperadas no se rinden con facilidad. No existe el lujo del orgullo o la vergüenza o la cortesía. Ella rogó y suplicó y persistió y pidió.

¡Cansó al juez! Respondió de manera interesante e irritado: «Aunque no le temo a Dios ni me importan los hombres, ya que esta viuda continúa molestándome, me ocuparé de que se le haga justicia, ¡para que no me agote con su insistencia!» Esta viuda fue una persona sorprendente. Cansó —quizás intimidó—, a este duro y cruel juez romano. No cambió su carácter, ni se hizo religioso, ni disfrutó de un momento de compasión. Reconoció que todavía no tenía tiempo para Dios ni para la compasión. Aún no se preocupaba de lo que las otras personas pensaban respecto a sus acciones. Le dio a la viuda lo que ella deseaba simplemente para callarla. Ella era la viuda que no dejaría de enfrentarse al juez despreocupado.

El contraste: El juez y Dios

Muchos de los relatos de Jesús llevan a una comparación que dice que Dios es *como* la persona de la parábola. En lugar de eso, esta vez, Jesús hizo un contraste.

¡Dios no es como el juez! Ese es el agudo contraste de Jesús. Hace dos preguntas retóricas y cada una tiene una respuesta obvia:

¿Acaso Dios no hará justicia para sus elegidos, que le claman de día y de noche? ¡La respuesta obvia es *sí*! Dios hará justicia para los cristianos que oran de la manera que la viuda le rogó al juez romano.

¿Continuará pasándolas por alto? ¡La respuesta obvia es *no*! Dios no seguirá ignorando las oraciones persistentes de los cristianos que continúan pidiéndole de la manera en que la viuda insistió pidiéndole al juez romano.

El juez era injusto.	Dios es justo.
Al juez le faltaba compasión.	Dios es compasivo.
Al juez no le importaban las personas.	Dios se preocupa profundamente por las personas.
El juez no estaba apurado.	Dios es veloz.

Entienda lo que esto significa para nosotros. Cuando enfrentamos las injusticias, Dios se interesa. Cuando somos víctimas de la discriminación debido a la raza o la edad o el sexo, cuando somos afectados por hacer lo correcto, cuando los tribunales fallan en ejecutar un veredicto justo, cuando los pecadores ganan y los santos pierden, cuando estamos desesperados como la viuda, Dios escuchará con compasión y actuará con rapidez. Cuando todas nuestras alternativas se agotan y estamos absolutamente desesperados, cuando vamos rogándole a Dios en oración, Dios no es como un juez. Dios escucha. Él se preocupa. Actúa.

Pero... «Esa es una enseñanza muy maravillosa de la Biblia», dirá. «Palabras tan dulces que animan al oído. Pero simplemente no parece verdadero. Mi experiencia propia es justamente opuesta. Perdí una promoción porque rehusé las propuestas sexuales de mi jefe. Hice lo correcto y él lo incorrecto. Lo intenté todo para ser la empleada perfecta y nada resultó jamás. Ahora estoy donde estaba hace cuatro años. Ha llegado a ser vicepresidente de la compañía. Le he pedido a Dios miles de veces que enderece esto y sigue mal. Tengo la impresión de que a Él o no le importa o no tiene el poder para actuar. Será de todo menos veloz. Quiero creer lo que la Biblia declara, ¡pero tengo que decirle que creo que Dios se parece más al juez injusto a pesar de lo que Jesús afirma!»

Estas son declaraciones difíciles de contestar. No obstante creo en lo que Jesús dice: «Dios trae justicia para sus elegidos». ¿Cómo reconciliamos la declaración de la Biblia con nuestra experiencia personal?

Dios no ve las cosas como nosotros. Él percibe el tiempo como un todo. Nosotros lo vemos en partes y secciones. Compare eso con ver a un hombre con un cuchillo abriéndole el pecho a otro y cortándole el corazón. Si eso fue todo lo que vio sentiría pena por la víctima e ira contra el asaltante. Pero si ha de ver más, el tiempo anterior y posterior, se percatará de que la víctima realmente es un paciente y el asaltante es un cirujano. Sin cortar ahí no habría trasplante. Sin dolor presente no podría haber años futuros de vida. Además, las percepciones contradictorias en las conversaciones posteriores a la cirugía lo sorprenden. Para el paciente y la familia el procedimiento fue extraordinariamente prolongado, mientras que el equipo quirúrgico se deleita en cuán rápido y bien salió todo.

Así es con Dios. Ve todo el panorama. Para Él el tiempo no es como para nosotros. Lo que vemos como muchos años, realmente lo percibe como algo muy veloz. Lo que reconocemos como innecesario y desastroso, Dios lo ve como algo necesario y útil.

Entienda la altura del compromiso de Dios con el derecho y la justicia. Él es el patrón de la justicia. Es el hacedor de la justicia. Está irrevocable y eternamente comprometido con enderezar las cosas. *¡Y lo hará!* En su momento indicado castigará el pecado, corregirá lo malo, vindicará a los que son víctimas de jueces injustos y circunstancias parciales. Dios está mucho más comprometido con enderezar las cosas que lo que jamás estaremos nosotros.

Para nosotros la pregunta apremiante no es si Dios va a escuchar nuestras oraciones y enderezar las cosas. Esta es la pregunta: ¿Continuaremos orando? Dios no se apartará de nosotros, ¿nos apartaremos de Él? Por eso es que Jesús preguntó: «Cuando venga el Hijo del Hombre, ¿hallará fe en la tierra?» Jesús se preguntaba si alguien todavía estaría orando y creyendo cuando regrese a la tierra para responder a nuestras oraciones y para enderezar las cosas.

¿Qué hacer? ¡Lo que Dios hará!

Las madres parecen ser las últimas en dejar de orar. La viuda de este relato probablemente era una madre, y quizás si Jesús contara esta historia en la América moderna su ilustración sería de una madre soltera divorciada como la mujer de cincuenta y siete años que temía seguir pidiéndoles a otros que oraran por su problemático hijo. Sus oraciones por sus hijos comenzaron en 1972, cuando se convirtió en cristiana. Ya era madre soltera con dos hijos. Comenzó a orar por su salvación, por su seguridad, por sus futuros compañeros en la vida y por el bien de Dios en sus vidas. «Adorábamos en una pequeña iglesia de enseñanza bíblica y tenía muchas familias que nos apoyaban emocionalmente y eran amigos nuestros. Durante esos años oré que un hombre cristiano apareciera e invirtiera algún tiempo en apoyar emocionalmente a mi hijo y le sirviera de ejemplo, pero nadie se ocupó de hacerlo.

»En 1972 mi hijo tenía siete años de edad. Aun antes del divorcio había mostrado señales de ser "hiperactivo", o lo que hoy se llamaría el "síndrome de atención deficitaria". Trabajamos con sicólogos, el sistema escolar y el pastor para ayudar a controlar su comportamiento. Nada parecía resultar.

»Fui a trabajar con una organización de jóvenes cristianos y oramos cada semana por él y por mí para que fuera la madre cristiana indicada. Pasó tiempo en un campamento cristiano pero no se involucró. Su maestra al momento de salir del programa era alguien que yo conocía, y oraba por él cada semana.

»Su comportamiento empeoró a través de los años y aunque pasó por varios tratamientos a corto plazo y uno de seis meses ordenado por un tribunal, jamás se enderezó. Lo sacaron del ejército por usar drogas. Pasó tiempo en la cárcel y acaba de salir luego de un año de prisión, no por nada serio sino por una vieja ofensa por la que nunca completó sus requisitos de libertad bajo palabra. Mientras está encarcelado los ministerios de la prisión le sirven, pero cuando sale vuelve a su vida antigua.

»Para acortar la historia, hoy tiene treinta y tres años de edad. Vive en Texas desde hace diez años. Quizás el hecho de que está vivo es cierta respuesta a todas estas oraciones por él. Pero lleva su vida al borde de la miseria, no exactamente como vagabundo, pero tiene momentos en que se siente desahuciado. Agradezco que no es un criminal y que tenemos una buena relación a través del teléfono.

»Las personas ya no me preguntan mucho por él, porque es

la misma vieja historia. Hasta su padre, que se casó de nuevo y no es creyente, se olvidó completamente de él hace tres años, considerándolo un caso perdido. Mi familia solo pregunta pocas veces cómo le va.

»Hay muchas ocasiones en las que siento que Dios no escucha todas esas oraciones y titubeo ahora al pedir oración una y otra vez en grupos nuevos, porque jamás puedo regresar a esas personas sinceras que oran por ninguna otra cosa que la misma vieja historia. Sé que hay personas fieles como su maestra del programa de rehabilitación y mis amistades cercanas que todavía oran por él.

»Cuando escucho las historias triunfales de vidas cambiadas, me pregunto si he de ver la suya así».

El relato de esta madre les causa a algunos sentimientos de comprensión, a otros identificación con ella, pero a todos nos produce compasión. Es muy difícil amar tanto, orar por tanto tiempo y continuar esperando cuando parece no haber base para la esperanza.

Hay algunas oraciones que podemos abandonar con relativa facilidad. Podemos sobreponernos a oportunidades perdidas, pequeños sueños, esperanzas de una vida que sea un poco más fácil.

Hay otras oraciones en que las circunstancias nos obligan a abandonarlas. El *no* de Dios es obvio y permanente. La enfermedad no se marchará. El hijo fracasó en el curso. La batalla se perdió.

Pero hay otras oraciones que no podemos —*que no debemos*— dejar de elevar. Oraciones por las amistades que llevan una vida que es una constante lucha física, sicológica o espiritual. Por la madurez nuestra y la de otros. Por los seres amados y los perdidos, sin importar dónde estén, que todavía no conocen a Cristo. Dejar estas oraciones niega los anhelos más profundos de nuestros corazones, nuestro sentido de lo que es correcto y bueno, y nuestra fe en el poder y la presencia de Dios. Hasta que Dios diga que *no* de manera clara e inequívoca *tenemos que orar*.

Ese es el punto de la parábola. Seguir orando. Jesús dice: «No se rindan, continúen».

La perseverancia nos resulta difícil. Pertenecemos a una cultura y a una generación en donde la paciencia es extraña. Deseamos todo de inmediato. La impaciencia hace que abandonemos matrimonios que pudieron reconciliarse, que nos desanimemos con pesimismo por hijos problemáticos antes de que Dios termine de arreglarlos, y que abandonemos trabajos cuando algo sale mal en lugar de perseverar y ver el bien que Dios planifica hacer.

No todo el mundo se rinde con facilidad. Algunos perseveran a través de extraordinaria adversidad. Como la viuda en el relato de Jesús.

Dios quiere que continuemos orando. Continúe orando. Jesús dice: «No se desanime. No crea que a Dios no le interesa. No piense que la respuesta jamás llegará. No acepte la injusticia como algo inevitable».

Escuche a Jesús cuando nos anima a «orar sin desmayar». Nos promete que Dios responderá. El Dios que hizo al mundo, lo sostiene en su mano y algún día completará su plan, convertirá el mal en bien y lo incorrecto en correcto, obrando todo para su gloria y nuestro beneficio.

Solo hay una manera mediante la cual usted aceptará todo esto. Tiene que tener fe. Debe creer que Jesús sabía de lo que estaba hablando. Tiene que creer que Dios es todo lo que afirma ser. Debe aceptar las promesas de Dios aunque parezcan contradecir sus experiencias. ¿Qué cree? ¿Qué dice? ¿Cómo contesta a la pregunta de Jesús: «Cuando el Hijo del Hombre venga, ¿hallará fe en la tierra?» Diga: «¡Sí! Creo. No me rendiré. Jesús encontrará fe en mí. ¡Continuaré orando!»

Mi oración persistente

Dios, te pediré algo de nuevo. Has escuchado esta misma oración muchas veces. La he hecho de cada manera que he podido imaginar. Cada vez que has dicho no o no has dicho nada. Pero regreso con la misma petición. Y no voy a rendirme. Si toma diez mil veces o más, voy a pedir, a pedir y a pedir.

Mi persistencia no proviene de la falta de fe. Es la expresión más profunda de mi fe en ti.

➤ *Creo que eres Dios.*
➤ *Creo que puedes hacer cualquier cosa.*
➤ *Creo que escuchas cada oración que elevo.*
➤ *Creo que quieres lo mejor para mí.*
➤ *Creo que un día responderás afirmativamente.*

Pero esas no son las razones principales por las que continúo pidiendo. Pido una y otra vez porque Jesús me dijo que lo hiciera. Dijo que no debo rendirme, así que no lo haré.

Hasta que me digas claramente que me rinda, voy a pedirte cada día. Me emociono contigo y lo que harás pronto.

En el nombre de Jesús. Amén.

DOCE

Cómo responder al rechazo

El mismo sol que derrite la cera endurece el barro.
—Antiguo proverbio griego

Un joven seminarista trabajaba a tiempo parcial en una iglesia local. Una de sus primeras tareas fue visitar el hospital. La secretaria de la iglesia le dio un grupo de tarjetas con nombres y la información básica en cuanto a los parroquianos que debía visitar en varios hospitales urbanos.

En el séptimo piso del primer hospital entró al cuarto de una mujer de unos cincuenta años. Se presentó como pastor interino de su iglesia, pero ella le interrumpió antes de que pudiera terminar. «¡Ya era hora que se apareciera!» dijo. «Mire, estoy lista para irme de aquí. Y me alegraré cuando termine, porque este sitio es terrible. Los médicos casi no vienen. Las enfermeras son rudas. La comida es horrible. Protestaré por la cuenta cuando llegue. No puedo esperar a que mi familia venga a recogerme, si es que se aparecen. ¿Me puede creer que casi no me visitaron durante mi semana en este espantoso lugar?»

El joven aspirante a pastor trató de iniciar una conversación, pero ella no escuchó mucho y siguió quejándose. Apuntó su ira y su amargura hacia Dios, el hospital, la iglesia y aquel joven desconocido. Cuando al fin se escapó estaba agotado, le alivió estar lejos de ella.

En el pasillo leyó la siguiente tarjeta con su próxima tarea. Era otra mujer más o menos de la misma edad, en el mismo piso, del mismo hospital. Sintió deseos de evadirla y marcharse a casa. No quería soportar otra paliza emocional. Pero se obligó a caminar por el largo pasillo y entrar en el cuarto de otra persona extraña. Había pistas por todo el camino: un letrero que decía *Oncología*, pacientes que perdieron su cabello, familias reunidas en vigilia alrededor de las camas del hospital. Estaba en la sala de cáncer. Y cuando vio a la mujer cuyo nombre estaba en la tarjeta concluyó rápidamente que vino al hospital a morirse.

Una vez más se presentó como visitante pastoral de su iglesia. Ella sonrió inmediatamente y le dijo: «Bueno, joven, no tenía que venir a verme. Hay muchas otras personas que necesitan sus visitas más que yo». Fue atraído por su calidez y amor. Le preguntó acerca de él e hizo que se sintiera importante. Estaba genuinamente interesada. Cuando él le inquirió respecto a su experiencia en ese piso del hospital, ella habló encantada. «¡Este es un hospital maravilloso!» explicó. «Los médicos realizan visitas adicionales para verme. Las enfermeras son competentes y bondadosas. La comida es simplemente maravillosa. Y he tenido tantos visitantes que he perdido la cuenta».

No sé si la primera mujer había orado por la sanidad de Dios. Ni siquiera estoy seguro de que realmente estuviera enferma, al menos físicamente. Sí parece que estaba amargada y desagradecida.

Ciertamente la segunda mujer debe haber orado. Sabía que iba a morir, y eso nos motiva a todos a orar por sanidad y vida. Pero Dios le había dicho que *no*. Ella no se amargó. No resintió la respuesta que nadie desea. De una u otra manera confió en Dios y reclamó su gracia. Conocía al Dios de esperanza.

Cómo respondemos

Cuando el autor cristiano Larry Burkett habló públicamente en cuanto a su batalla con el cáncer, reconoció la realidad de un futuro incierto. Convencido de la firme atención y el amor de Dios, dijo: «¿No le pregunte a Dios "Por qué"? De todas maneras es probable que no le conteste. Pregúntele a Dios: "Y ahora, ¿qué quieres que haga"?»

La manera en que respondemos al *no* divino es tan importante como nuestras oraciones. Puede ser la diferencia entre la amargura y la victoria.

Francamente, no podemos ponernos por encima de Dios. Cuando Él da su respuesta no podemos apelar a algún poder superior. Él *es* el poder supremo. *Podemos* seguir orando. Podemos rogar. Podemos llorar. Podemos pedirle a otros que oren. Todas esas podrían ser acciones muy apropiadas. Pero el *no* es ¡NO! Solo nos queda una alternativa, cómo responder.

Podríamos aceptar la respuesta de Dios con la perspectiva de Job, que fue plagado de miseria y calamidad:

> Desnudo salí del vientre de mi madre, y desnudo volveré allá. Jehová dio, y Jehová quitó; sea el nombre de Jehová bendito.
>
> Job 1.21

Estas palabras son sorprendentes, especialmente en vista de su tristeza cuando las dijo. Más sorprendente aún es la adición biográfica: «En todo esto no pecó Job, ni atribuyó a Dios despropósito alguno» (Job 1.22). No se presume que a Job le gustara la respuesta de Dios, pero rehusó odiarlo. Aceptó y respetó el derecho de Dios de hacer lo que quisiera con él.

Esto contrasta agudamente con los que responden a la plaga: «Blasfemaron contra Dios por la plaga del granizo; porque su plaga fue sobremanera grande» (Apocalipsis 16.21).

He escuchado y visto a hombres y mujeres amargarse debido a oraciones que no recibieron respuesta. Sus decepciones incluyen la infertilidad, el desempleo, la enfermedad, la bancarrota y la muerte. He visto a otros que se resienten de igual manera por ofensas menores, calamidades triviales y un orgullo herido.

Y he visto con sorpresa cómo hay cristianos que han enterrado hijos por los cuales oraron para que se sanaran, que han perdido negocios que le pidieron a Dios que los bendijera y, que han sufrido rechazos inmerecidos, y lo han hecho con «amor, gozo, paz, paciencia, benignidad, bondad, fe, mansedumbre, templanza» (Gálatas 5.22-23).

Solo puedo concluir una cosa en base a estas observaciones. La manera en que las personas ven la vida del lado oscuro de la oración sin respuesta no se determina realmente por el malestar externo que sufren cuando Dios rehúsa su petición. Cómo lidian con el *no* de Dios se decide por su respuesta individual e interna. Algunos se vuelven *contra* Él por no salirse con la suya. Otros se vuelven *hacia* Dios convencidos de que los ama pese a lo que suceda.

Como no he sufrido todos los problemas de los demás, debido a que no he ocupado su lugar; como no he pronunciado sus oraciones recibiendo rechazo; no puedo garantizar la manera en que respondería. Ciertamente no me corresponde juzgar cómo otros lidian con sus dolencias. Pero sé cómo deseo responder. Quiero creer que Dios tiene todo el derecho de dar cualquier respuesta que quiera. Deseo mantener la convicción de que el amor de Dios no será juzgado por mis circunstancias personales. Quiero amar a Dios de manera total y entusiasta para confiar en Él pese a lo que ocurra.

Hay algunos pasos sencillos de respuesta al *no* de Dios que es mejor que aprendamos de antemano. Es mucho más difícil dominar estas lecciones de respuesta en el calor del desengaño. Estas son tres:

Primera lección: Busque una explicación

Cuando Dios dice que *no* es bueno que nos preguntemos *por qué*. Regrese a las razones por las que Dios pudo haber dicho *no* y ver cuál le parece que es:

1. ¿Acaso mis oraciones carecen de mis mejores intereses?
2. ¿Acaso son mis oraciones contradictorias?
3. ¿Acaso son mis oraciones inapropiadas?
4. ¿Tengo una relación equivocada con Dios u otra persona?
5. ¿Desea Dios algo diferente?
6. ¿Es este el momento indicado?
7. ¿Hay algo más importante?
8. ¿Oro basado en motivos o razones erradas?

Pídale a Dios que le diga por qué rechazó su petición de oración. Pida la sabiduría del Espíritu Santo mientras evalúa cuidadosamente cada posibilidad. Tome su tiempo. Espere la respuesta de Dios.

Es posible que este no sea un proceso fácil. Requiere orar pensando de manera bíblica, un corazón abierto a Dios y una autoevaluación voluntaria.

Y este proceso casi siempre requiere la ayuda de otros cristianos. El cristianismo bíblico se vive en comunidad. Ya que frecuentemente somos ciegos a nuestras faltas y nos hace falta la perspectiva de otros, la explicación de las oraciones sin respuestas muchas veces llega mediante otros creyentes. Identifique los cristianos a su alrededor que muestran dones de sabiduría, conocimiento, fe, discernimiento y ánimo (1 Corintios 12), y busque su consejo acerca de por qué oró y recibió un *no*, o por qué no escuchó respuesta alguna.

Dentro de la comunidad cristiana se nos dice: «Confesaos vuestras ofensas unos a otros, y orad unos por otros, para que seáis sanados. La oración eficaz del justo puede mucho» (Santiago 5.16). Es interesante ver cuán frecuentemente los cristianos citan la última parte de Santiago 5.16, el clamor de nuestras oraciones es poderoso y efectivo. Empero en escasas ocasiones incluimos la primera parte del versículo, la exhortación a confesarnos nuestros pecados los unos a los otros en la iglesia. El proceso corporal de discernir la causa de las oraciones sin respuesta es el prerrequisito olvidado de pronunciar oraciones poderosas y efectivas.

En 1 Tesalonicenses 5.11, se les aconseja a los cristianos «animaos unos a otros, y edificaos unos a otros, así como lo hacéis». Usualmente vemos esto como una responsabilidad a consolar a otros. Es bueno hacerlo. Pero el versículo también implica un beneficio para nosotros. Recibiremos ánimo de otros cristianos. Esto es de vital importancia cuando luchamos con los asuntos de la vida y no tenemos claro por qué Dios no le presta atención a nuestras oraciones. Podemos acudir a compañeros cristianos para recibir apoyo emocional y espiritual, y para recibir la dirección que necesitamos a fin de buscar la razón por la cual nuestras oraciones no dan resultado.

Desafortunadamente, necesito insertar una palabra de precaución. Algunos cristianos son profetas personales, autodesignados, que ofrecen consejo dañino. Uno de esos hombres fue al hogar de un paciente desahuciado de cáncer y le pidió que mencionara el pecado por el cual Dios lo estaba juzgando. Le dijo al moribundo que si confesaba ese pecado sería sanado de su dolencia. De más está decir que el visitante era presumido y desagradable. En otra ocasión una pareja fue a visitar a los padres de un bebé gravemente enfermo y les dijeron que la razón por la que su niño no estaba bien era que no tenían suficiente fe. «Si realmente creyeran en Dios», dijeron, «sus oraciones recibirían respuesta y su bebé viviría». Esto no es simplemente teología pobre. Es crueldad espiritual. Esta pareja creía que Dios mata infantes porque sus padres tienen poca fe. Ese no es el Dios amoroso y lleno de gracia de la Biblia.

Los que hacen promesas *por* Dios pueden sabotear la fe de aquellos que se sienten traicionados por esas promesas incumplidas. Eso fue lo que le sucedió a un escritor profesional que prefiere quedarse en el anonimato:

Hace treinta años, a los nueve años de edad, me diagnosticaron una enfermedad con la cual viven millones de personas: diabetes. Las inyecciones, la dieta y las espantosas pruebas de orina, todo esto era abrumador para un niño. Así que cuando mis padres, mis pastores y cada líder cristiano que conocí me dijeron que podía ser sanado, eran las mismas palabras que anhelaba escuchar. Si solo tenía fe, me decían, y cumplía unas cuantas condiciones sencillas (que los ancianos oraran por mí, que nos confesáramos mis faltas), sería sanado. Si cumplía con mi parte del negocio, ciertamente se podía confiar en que Dios cumpliría la suya. Mi ansioso y pequeño espíritu se aferraba totalmente a esta creencia. ¡Qué Dios tan maravilloso! Tiene buenos planes para mí; así es como demostraría su amor.

A través de los años oré constantemente por sanidad y los ministros y los ancianos oraron frecuentemente por mí. Mi fe era profunda y sincera. En verdad amaba a Dios y sentí que buscaba al Dador, no solamente sus dones. Pero quería este don particular más que cualquier otra cosa y dediqué todas mis energías a llenar los requisitos. Rehusé considerar cualquier sugerencia de duda. Después de todo, eso podría negar toda la fe que había cultivado, todo aquello por lo cual había trabajado tan arduamente.

Pero, después de diecisiete años, ya no podía obviar la posibilidad, sin importar cuán descorazonadora fuera, de que la respuesta de Dios podría ser que *no*. Casi tan pronto como acepté eso, toda la estructura de mi fe se derrumbó. Como fui influido durante una edad impresionable para que creyera que sería sanado, mi concepto de Dios se edificó alrededor de sus promesas de sanidad. Eso *era* Él, según su Palabra misma. Si no podía confiarse en Dios para que cumpliera con su Palabra, ¿cómo podía confiarse en Él? No sabía qué creer. Me sentí herido, rechazado, traicionado y confundido. Al final, lo difícil no era vivir con las inyecciones y la dieta, sino con el sentimiento de que Dios no me amaba.

Durante dos años no me consideré cristiano, aunque me había graduado de una escuela bíblica. Pero lenta y gradualmente el Espíritu Santo comenzó el proceso de atraerme de nuevo a la fe. Poco a poco comencé a entender quién es Dios y cómo interactúa con nosotros. Cuando Dios no hizo lo que esperaba, cuestioné su carácter, no mis expectativas. Cuestioné su Palabra, no mi interpretación de la misma. Era doloroso abandonar mis sueños, pero tenía que dejar mi idea de lo que Dios debe hacer y cómo debe mostrar su amor. Tenía que dejarle ser Señor de mi vida y aceptar sus respuestas.

Todavía no tengo respuestas a las grandes preguntas de la vida; no lo espero en esta. Pero creo que cuando lleguemos al cielo, todas nuestras preguntas se desvanecerán con solo mirar a Jesús. Simplemente ya no importarán a la luz de su presencia. Como dijo P. T. Forsyth: «Un día llegaremos a un cielo en donde estaremos agradecidos porque sabremos que las grandes negativas de Dios algunas veces fueron las verdaderas respuestas a nuestras oraciones más sinceras».

Como posdata, creo que los cristianos deben ser precavidos cuando animan a otros a creer que Dios realizará milagros en sus vidas. Dios hace muchas cosas que no entendemos; debemos ser sinceros en cuanto a eso y evitar la aplicación inadecuada de su Palabra a la vida de otros. En nuestro celo de edificar su fe, podemos destruirla.

¿Cómo obtenemos la sabiduría de los mejores consejeros y

evitamos la devastación de lo peor? La respuesta es de sencilla explicación, pero difícil de concretar en una crisis. Las iglesias saludables ofrecen amplia oportunidad para ejercitar dones espirituales y demostrar espiritualidad. Cuando una persona prueba a través de los meses y los años que es dotada por Dios con la habilidad de discernir sabiamente asuntos espirituales, se puede confiar en esa persona en una crisis. Si el consejero se señala a sí mismo y está lleno de autojusticia, es raro que valga la pena escuchar el consejo.

Regrese a la lista de ocho razones por las cuales Dios dice que *no*. Si algunas de esas explicaciones obviamente no son útiles, elimínelas de la lista y concéntrese en las más probables. Pregúntele a Dios si esas son las explicaciones que busca. Luego úselas para cambiar su oración, cambiar su comportamiento, cambiar sus relaciones, o aceptar la respuesta de Dios como *no* definitivo.

Muchas veces Dios aclarará su respuesta. Recuerde que es nuestro amoroso, bondadoso y generoso Padre celestial que se deleita en darnos buenos dones. Cuando le pedimos una explicación frecuentemente explica. Desea que sepamos. Dios no está jugando al escondite con nosotros. Él quiere nuestras oraciones y desea responder a ellas.

Si llega respuesta a las preguntas del *porqué*, Dios podría decirnos que no responderá. Eso fue lo que le sucedió a Job. Algunas veces Dios no nos dice. A pesar de lo difícil que puede ser, necesitamos aceptar eso.

Cuando nuestros hijos eran jóvenes algunas veces pedían cosas que deseaban y se les decía que *no*. Entonces preguntaban por qué. A veces Charleen y yo teníamos que decir: «Lo sentimos, pero simplemente no podemos decirles. Tendrán que aceptar nuestra respuesta negativa sin saber el porqué». Algunas veces ya habíamos obtenido lo que nuestros niños deseaban. Estaba escondido en un armario o bajo una cama o en la casa de un amigo esperando las navidades o un cumpleaños.

Otras veces los padres dicen que *no* por buenas razones que simplemente no pueden ser explicadas.

Segunda lección: Sométase a la decisión de Dios

Sea que Dios se explique o no, nuestra próxima acción es someternos a su decisión. De eso se trata la confianza.

Una vez que sepamos que Dios se ha negado a nuestra petición, la sumisión requiere la aceptación de la elección de Dios. La fe requiere confianza en la decisión de Dios.

Marty le ha pedido repetidamente a Dios que provea los $10.000 que necesita para enviar a su hijo inválido a una escuela especial. Cada oración parece no recibir respuesta o un *no* definitivo. Le ha preguntado a Dios por qué no suple el dinero necesario. Ha considerado en oración posibles respuestas a su pregunta. Por mucho tiempo reflexionó en cuanto a sus motivaciones y decidió que eran puras, ella verdaderamente tenía los mejores intereses de su hijo en su corazón. No veía nada contradictorio o inapropiado en su oración. Había repasado sus relaciones con Dios y los demás, confesando cada pecado conocido a Dios, hasta yendo a un vecino al que ofendió en una ocasión para arreglar esa relación. Aunque es posible que el momento no sea el indicado, a ella le parece que podría ser demasiado tarde para ayudar a su hijo si no asiste a la escuela especial este año.

Ella reconoce que Dios podría tener algo más importante en mente, aunque no sabe qué es. Pudiera ser que Dios desea algo diferente, empero no puede identificar el porqué o qué es. Percatándose de que podría estar espiritualmente enceguecida por su fuerte deseo de dinero y educación, Marty les pidió a tres cristianos consagrados de su iglesia que oraran con ella. Estas dos mujeres y un hombre escucharon mientras hablaba de toda la situación. Repasaron con ella todas las posibles explicaciones para el *no* de Dios. Marty aclaró que ella realmente quería discernimiento espiritual; no iba a utilizar esto como método para entrar por la puerta trasera para obtener el dinero para la matrícula. Oraron con ella y por ella.

En otras palabras, Marty hizo todo lo que sabía. Aun así el dinero no llegó. Finalmente oró: «Dios, lo único que me resta hacer es asumir que no deseas que tengamos el dinero y que no deseas que Kevin asista a la Escuela Thompson Heights. Sinceramente no entiendo. No sé por qué. Pero si ese es tu deseo, me someto a él. Es más, oro que se haga tu voluntad, no la mía. Si no deseas a Kevin en la escuela, oro que no tenga manera de asistir a esa escuela». Esa fue una de las oraciones más difíciles que Marty jamás haya hecho. Pero así lo sentía. Ciertamente estaba muy desilusionada, pero adquirió paz en su corazón y el contentamiento de que la voluntad de Dios es lo mejor y que lo correcto era la sumisión. Concordó con Dios que no buscaría más maneras de obtener el dinero, no le pediría a amistades, ni aplicaría para préstamos en el banco ni planearía ventas en su garaje.

La sumisión envía una clara señal al cielo de que reconocemos la supremacía del Señor. Admitimos que no somos Dios. Reconocemos que no somos más inteligentes ni mejores que Dios. Rehusamos pretender que podemos hacer el trabajo de Dios mejor que Él.

Tercera lección: Repita las peticiones

La tercera respuesta al *no* de Dios es pedir de nuevo. Pero, ¿eso no contradice todo en mi último punto? ¿Acaso presentarle otra petición a Dios no es lo opuesto a la sumisión? ¿Y qué de la confianza? Una vez que nos hayamos sometido completamente al Señor, ¿no debemos rendirnos y aceptar el *no* de Dios como respuesta definitiva?

Jesús no aceptó el *no*. Pablo pidió repetidamente cuando se le rechazó. En una relación de amor y confianza mutua, no hay contradicción en aceptar el *no* de Dios y pedirle una y otra vez. Ni Jesús ni Pablo estaban fuera de sitio. Ninguno pecó. Ninguno ofendió a Dios por la intensidad o la repetición de sus oraciones.

Tengo peticiones que han estado en mi lista diaria de oración por años. Algunas las he presentado miles de veces. He buscado explicaciones. Me he sometido a la decisión de Dios. Empero estoy convencido de que Dios no me ha liberado de preguntar nuevamente. Aunque desconozco las razones, estoy convencido de que estas son oraciones que Dios desea escuchar. Podría ser para mantenerme humilde. Podría ser para convencerme de que contestará aunque mi espera será larga. Podría ser que jamás sabré por qué.

Aunque no hay nada malo con las oraciones repetidas, simplemente hace falta que estemos seguros de que son precedidas por un esfuerzo de entender, junto con una conformidad que elimina las barreras que Dios nos revela y una evaluación propia que asegura que verdaderamente le hemos sometido nuestras voluntades a Dios.

Distinga entre el yo y la petición

Cuando respondemos al *no* de Dios es importante distinguir entre el rechazo de nuestra petición y la aceptación nuestra como hijos suyos. La aceptación de Dios de una persona como hijo suyo es permanente. Los cristianos son adoptados (Efesios 1.5) en la familia de Dios. Aunque Dios odia al pecado, nos ama a cada uno de nosotros hasta el punto de que ni siquiera nuestros pecados hacen que Él nos rechace como personas. El amor de Dios es infinito, la gracia de Dios va más allá del entendimiento humano. Dios siempre tiene nuestros mejores intereses en mente.

Algunas veces entender el amor de Dios por nosotros es lo que mejor nos ayuda a estar en paz cuando Dios rechaza nuestras peticiones de oración. Se interesa demasiado como para conceder algo que nos haga daño.

Cuando oramos urgentemente para que Dios nos conceda nuestras peticiones podría resultarnos difícil distinguir entre quiénes somos y lo que queremos. Cuando Dios dice que *no* podríamos instintivamente sentirnos rechazados en lo personal. Podemos abrigar el dolor hasta que nos separemos de Dios. Podríamos convertirnos en niños berrincheros que no se salen con la suya. Más a menudo, nos sentimos abandonados por Dios y no queremos enfrentar a Aquel que nos ha rechazado.

A pesar de lo difícil que pueda ser implementar este consejo, debemos sujetar esos sentimientos malogrados de rechazo a la verdad del amor de Dios. Cuando nos rechaza es que debemos regresar rápidamente a Dios en oración para expresar nuestros sentimientos y recibir su amor sanador.

Un caso de estudio: Cuando usted está enfermo

La enfermedad provoca más oraciones fervientes que cualquier otra cosa. La enfermedad nos convierte en necesitados, muchas veces en desesperados. Todos experimentamos las sencillas enfermedades que hacen que nos sintamos incómodos. Algunos de nosotros conocemos las severas enfermedades que causan tremendo dolor y amenazan robarse la vida misma. Ya sea que el paciente sea usted o alguien que conozca y ama, nuestra humanidad jamás es más vulnerable que cuando golpea la enfermedad.

La sanidad de Dios es una maravilla absoluta. Pocas experiencias hacen que la fe se fortalezca y se eleve como la sanidad de Dios. Lo amamos más, confiamos más plenamente y le agradecemos desde lo más profundo de nuestros corazones.

Cuando una sanidad no llega, la fe está en peligro. Los que oran por alivio del dolor que solo empeora, los que ruegan por la vida de un niño moribundo, los que están convencidos de que Dios dirá que *sí*, y dice que *no*, todos estos comienzan a preguntarse si Dios existe o, de existir, qué clase de Dios cruel debe ser.

Todas nuestras dolencias y esperanzas, temores y fe, más mil preguntas burbujean a la superficie con las palabras neotestamentarias en Santiago 5.14-15:

> ¿Está alguno enfermo entre vosotros? Llame a los ancianos de la iglesia, y oren por él, ungiéndole con aceite en el nombre del Señor. Y la oración de fe salvará el enfermo, y el Señor lo levantará; y si hubiere cometido pecados, le serán perdonados.

Estas palabras de Santiago fueron escritas para cristianos. Obviamente los cristianos se enferman como todo el mundo. Ese hecho es la expectativa de la Biblia y la experiencia de todos los cristianos. La falsa creencia popular de que los cristianos están exentos de la enfermedad y jamás son sujetos a la enfermedad no se enseña en la Biblia. Es contraria a la doctrina ortodoxa cristiana. Es inconsistente con la experiencia. Los cristianos son diferentes por las respuestas que vivimos y no por los problemas que enfrentamos.

1. *Los cristianos enfermos deben pedir oración.* Reconociendo que los cristianos se enferman, Santiago 5.14 dice que los cristianos enfermos deben pedir oración. Santiago no ofrece ninguna descripción de cómo una persona enferma debe estar antes de pedir oración, convirtiendo esa decisión en un asunto de juicio personal. Orar rutinariamente el uno por el otro durante una enfermedad sencilla o a través de las primeras señales de enfermedad parece muy apropiado, pero estos versículos parecen implicar enfermedades más serias. Llamar a los ancianos de la iglesia para orar por un catarro o un calambre parece inapropiado.

Un punto clave es *quién* toma la iniciativa. Esto lo hace la persona enferma. No es responsabilidad de la iglesia ni de los ancianos saber quién está enfermo y salir corriendo a ofrecer oración. Es responsabilidad del cristiano pedir ayuda. Esto podría ser un tecnicismo pasajero cuando una persona está bien, pero es un punto importante a recordar cuando uno se enferma. Tome la iniciativa. Sea responsable. ¡Llame a la iglesia cuando vaya al hospital!

2. *La ayuda viene de la iglesia.* Los ancianos oran y ungen. La iglesia se moviliza para ayudar a los cristianos que enfrentan necesidades personales.

Esto asume que cada cristiano ya es parte de la iglesia antes de que surja la enfermedad u otra crisis. Tristemente, hay cristianos necesitados que no están relacionados. Enfrentan crisis que van desde el desempleo hasta el divorcio, la enfermedad o la muerte de un familiar, sin ninguna iglesia que esté junto a ellos. Piden oración de una congregación y nadie sabe quiénes son.

Estar relacionado cuando una enfermedad u otras tragedias nos aquejan es una de las muchas razones por las cuales cada cristiano debe tener una iglesia madre, porque debemos esforzarnos durante los momentos tranquilos de la vida para unirnos, participar y edificar relaciones. El Nuevo Testamento asume que vivimos como parte de una comunidad cristiana interdependiente, cuando otros necesitan ayuda los ayudamos, y cuando necesitamos ayuda nos ayudan. Eso incluye llamar a los ancianos para la oración y la unción cuando enfrentamos la enfermedad.

3. *Los ancianos se reúnen para orar por sanidad, en fe.* Los ancianos son los líderes espirituales de la iglesia. No son simplemente los que tienen títulos oficiales o posiciones en la iglesia. En algunas ocasiones las necesidades podrían ser mucho mayores que lo que un puñado de líderes pueda tratar. La iglesia puede asignar la responsabilidad a hombres y mujeres reconocidos por su liderazgo espiritual aunque en el momento no tengan posiciones oficiales.

Cuando surge una petición, los ancianos han de reunirse con

la persona enferma y orar *en fe* por sanidad. Eso no significa que tienen fe en sus oraciones. No significa que tienen fe en la sanidad. Y no significa que tengan fe en la fe. Significa que tienen fe en Dios. Los ancianos han de orar con absoluta confianza en que Dios escucha, Dios se interesa y Dios tiene el poder para sanar. Si esa fe está ausente fallan como ancianos y sus oraciones no sirven para nada. La oración debe ser sincera, fuerte y compasiva, que desee apasionadamente la sanidad, completamente confiada en Dios.

Los ancianos, cuando se lo pidan, podrían ungir a la persona enferma con aceite en el nombre del Señor.

El aceite podría tener un propósito medicinal. En el primer siglo, el aceite de oliva y otros similares se utilizaban ampliamente como medicina. El buen samaritano, por ejemplo, puso aceite en las heridas del hombre que fue asaltado y abandonado al lado del camino para que se muriera (Lucas 10.34).

Santiago 5.14, entonces, en términos modernos podría traducirse como «oren por él y denle penicilina en el nombre del Señor». Los cristianos deben aprovecharse por completo de los beneficios de los médicos y la medicina moderna, aunque asegurándose de que la ayuda médica esté precedida e impregnada de oración y que la medicina se toma «en el nombre del Señor». Los médicos tratan la enfermedad, pero Dios es quien sana.

El aceite podría tener un propósito religioso. Parece que es mejor entender el aceite como un símbolo de la presencia y el poder de Dios, como cuando se unge a una persona para que sea rey, o se le imponen las manos como símbolo del toque de Dios.

Cuando estamos enfermos muchas veces necesitamos algo más que palabras para ayudarnos a experimentar a Dios. El aceite es un recuerdo físico del Señor invisible.

No se describe la manera de ungir con aceite. Quizás lo derramaban sobre la cabeza o en la parte enferma del cuerpo. En muchas iglesias actuales, sencillamente se aplica un poco de aceite de oliva en la frente de la persona que pide la unción.

Más importante que el aceite es «el nombre del Señor». Es el reconocimiento formal de que Jesucristo marca la diferencia. Los ancianos oran y ungen presentándole el paciente al Señor y el Señor al paciente. Podría no importar mucho si se omite el aceite, pero de omitirse Jesucristo habría una enorme diferencia.

4. *Los cristianos aceptan la promesa de salud.* «¿Da resultados?» es la pregunta a la que todos deseamos respuesta cuando estudiamos las enseñanzas de Santiago 5.14-15. La Biblia parece clara y directa: «Y la oración de fe *salvará* al enfermo, y el Señor lo *levantará*...».[1] ¿Es esta una garantía absoluta o hay algunas condiciones implícitas?

Aparentemente no resulta siempre. De ser así, habría pocos cristianos en los hospitales, no tendrían necesidad de seguros de salud, y hubiera pocos o ningún cristiano muerto. Debe haber habido millones de cristianos durante los últimos dos mil años que llamaron a los ancianos, se oró por ellos y los ungieron, y no recibieron la sanidad que pidieron. Debido a que los cristianos no creen que la Biblia miente, concluimos que la promesa debe ser condicional.

Algunos dicen que la condición es *fe adecuada*. Cuando la sanidad no ocurre, es porque la persona enferma o el equipo de oración no creyó con suficiente fuerza. La falta de fe produce enfermedad continua. Esta idea puede ser brutal. He escuchado acusaciones de niños que han muerto porque los padres o los ancianos no tuvieron la suficiente fe. Esto convierte a Dios en alguien excesivamente cruel. Se le presenta como un Dios que permite que niños inocentes mueran porque la fe de algún adulto solo alcanzó un 2.3 en una escala de fe en la cual Dios necesita al menos un 2.5 para realizar un milagro. Aunque ella es importante, *la fe no sana*. Dios sana, y Dios ha mostrado la tendencia a realizar grandes cosas en respuesta a una fe mínima, como la semilla de mostaza.

---

1 Énfasis añadido.

La razón verdadera por la cual algunos son sanados y otros no es porque Dios elige hacerlo o no hacerlo. Nos gustaría librarnos de esta conclusión, culpar a cualquier otro excepto a Dios. Pero la verdadera fe cree que la mejor y más decisiva elección la toma Dios y no nosotros. Usualmente no sabemos cómo decide Dios; creemos que lo que decida hacer está bien. Eso es fe en Dios.

5. *El Señor sana y perdona.* El punto clave es *quién* decide la sanidad. «Y la oración de fe salvará al enfermo, y *el Señor lo levantará...*».[2] Dios es el Gran Médico. Dios es quien levanta al enfermo. Suyo es el poder. Suya es la decisión. Suya es la sanidad. Suyo es el crédito. Dios podría dar sanidad completa y permanente, o la sanidad podría ser parcial y temporal. La sanidad podría ser directa, sin que haya medicina o médico de por medio; o indirecta, utilizando cualquier método que Dios elija. La sanidad podría ser inmediata, en el momento de la oración; gradual o llegar de súbito.

Y el Señor es quien perdona. «Y si [la persona enferma] hubiere cometido pecados, le serán perdonados». Así como todos nos enfermamos, todos pecamos. Necesitamos que se nos perdonen los pecados, y solo Dios puede hacer eso. Es más importante ser sanados espiritualmente del pecado que físicamente de la enfermedad.

Algunas veces los dos están relacionados. Algunas personas están enfermas debido a su pecado. Para mejorarse físicamente hace falta que sean perdonados y sanados espiritualmente. Dios puede hacer ambos. Eso no quiere decir que toda la enfermedad es directamente causada por el pecado de una persona. Ni tampoco quiere decir que los que no son sanados continúan afianzados de su pecados. La Biblia ofrece ejemplos de personas que estuvieron enfermos debido al pecado. Y la Biblia da ejemplos de enfermedades que no fueron causadas por el pecado. El

---

2 Énfasis añadido.

asunto es que Dios y solo Dios tiene el poder definitivo sobre todas las necesidades físicas y espirituales de nuestras vidas.

¿Qué haría con toda esta información si mañana me diagnosticaran una enfermedad mortal? Es difícil predecir nuestras respuestas futuras. Sé lo que la Biblia dice. Sé lo que debo hacer y qué espero hacer. Esta es mi lista de deseos para aferrarme a Dios durante los momentos difíciles:

Oraría de inmediato.

Le pediría a Dios que me cuidara, que me diera su perspectiva en cuanto a mi enfermedad y su voluntad para mi vida o la muerte.

Probablemente oraría por sanidad, mientras más pronto mejor, tan fácilmente como sea posible, a través de cualquier medio que Dios elija.

Usaría cada recurso que Dios me ha dado, incluyendo el mejor tratamiento médico y las oraciones y el apoyo de compañeros cristianos en la iglesia.

Le pediría específicamente a los ancianos de mi iglesia que vinieran a mi casa, que oraran por mí y me ungieran con aceite en el nombre del Padre, del Hijo y del Espíritu Santo.

Le pediría a Dios que, de no recibir respuesta a mis oraciones, me explicara el *porqué*, y que me mostrara si hay algo malo conmigo o en mis oraciones para que yo pueda cambiar las circunstancias.

Repetiría mucho mis oraciones.

Le pediría a otros que continúen orando por mí.

Me comprometería a darle a Dios la gloria independientemente del resultado.

Concordaría con que Dios sabe qué es lo mejor y sometería mi voluntad a su voluntad.

Oración por sanidad

Mi Padre y Señor, te oro en el nombre que es sobre todo nombre, el nombre de Jesucristo.

Oro en obediencia a las instrucciones de tu Biblia. Oro con fe en ti, estoy absolutamente convencido de que escucharás, de que tienes el poder de sanar y realizar milagros, y de que eres un Dios de infinito amor y compasión.

Conoces las necesidades y las esperanzas de cada persona. Conoces el dolor, el tumor, las heridas, la incapacidad, la tensión, la enfermedad, el temor. Sabes lo que la medicina puede hacer y sabes lo que hará tu voluntad.

Por favor, sana en el nombre de Jesucristo. Levanta a los que están decaídos. Alivia el dolor. Restaura la salud. Cura la enfermedad. Perdona el pecado.

Escucha mis oraciones. Escucha las oraciones de tu iglesia. Escucha las oraciones de los ancianos. Escucha las oraciones de los que acuden a ti por ayuda y sanidad. Escucha nuestras oraciones y responde con tu poderoso toque.

Dios, no solo creo que puedes sanar sino que sanarás. Te prometo no tomarme la gloria. No diré que la sanidad ocurrió a raíz de mis oraciones, el toque humano o el aceite de la unción. Diré lo que sé que es cierto: que eres tú y solo tú el que levanta, y que solamente a ti, y a ti nada más, le pertenece todo el crédito y la gloria.

Sana a tus discípulos. En el nombre de Jesús. Amén.

Ruego por las oraciones rechazadas

Escucha, ¡Señor! Por favor, ¡escucha! Vengo en el nombre de Jesucristo para plantearte mi pregunta más importante. ¿Por qué?

¿Por qué dices no?

¿Es por algo que he hecho mal? De ser así, por favor muéstrame mi pecado y te lo confesaré, sé que me perdonarás. Perdona mi egoísmo, mi orgullo, mis contradicciones, mis motivos mal dirigidos.

¿Acaso es por una mala relación? Muéstrame a quien he ofendido.

Dirígeme hacia aquellos con los cuales mi relación no es correcta. Enséñame todo lo que debo hacer para enmendarme, para reconectarme, para sanar y amar. Dame gracia para estar en paz con todas las personas.

¿O es contigo, Señor? ¿Cómo te he ofendido? ¿Estás herido por mi falta de interés en ti? ¿Acaso es porque te he sacado tantas veces de mi vida? ¿Qué mal he cometido que debo confesar? ¿Qué debí hacer que no hice? Más que nada, quiero que todo entre tú y yo esté bien. Por favor, mi Señor y Amigo, reconcílianos el uno con el otro.

¿Estás diciéndome que espere? Entonces, con la ayuda de tu paciencia, esperaré hasta que llegue tu tiempo indicado. Hasta entonces, ¿debo continuar orando una y otra vez hasta que continúe sintiendo en mi corazón la necesidad de pedir?

Dios, ¿deseamos algo opuesto? ¿Acaso lo que deseo no es lo que deseas, y lo que quieres no es lo que quiero? Someto mi voluntad a la tuya. Aceptaré que lo que digas que es correcto y lo bueno. Debido a que creo en ti, también creo en lo que elijas. No mi voluntad sino la tuya, Padre mío.

Y si no hay respuesta, aceptaré tu mensaje de silencio. En cierta manera, eso sería lo más difícil de todo, pero no me corresponde hacer que hables o decirte qué decir. Si tu respuesta es el silencio, confiaré que hasta esa respuesta proviene de ti. Amén.

TRECE

Cuando el *No* llega a ser eterno

Janet y Duane Willis se marcharon de Chicago en noviembre de 1994 en un viaje que tomaría las vidas de seis de sus hijos. Antes de partir, Duane inclinó su cabeza en oración «pidiendo que Dios nos protegiera y nos diera un gran viaje, un buen tiempo juntos y, por supuesto, seguridad». Mientras conducían por la autopista interestatal hacia Milwaukee, su camioneta Plymouth Voyager le pasó por encima a un pedazo de metal que cayó de un camión delante de ellos. El metal voló y rompió el tanque de la gasolina, haciendo que la camioneta estallará en llamas y explotara.

Los Willis pudieron salir por las puertas delanteras mientras cinco de sus niños fueron consumidos por las llamas. El mayor tenía once años, el menor seis semanas de nacido. Ben, de trece, se quemó severamente.

Parados al lado de su chamusqueado auto y los cuerpos de sus hijos, Duane se volvió a Janet y dijo: «Para esto es que Dios nos ha preparado». Cuando iban tras la ambulancia que transportaba los cuerpos de sus niños Janet citaba del Salmo 34, que había sido memorizado por la congregación de la Iglesia Bautista Parkwood, en donde Duane era pastor: «Bendeciré a Jehová en todo tiempo; su alabanza estará de continuo en mi boca». El versículo 19 dice: «Muchas son las aflicciones del justo».

Desde sus camas en el hospital oraron por su hijo Ben para que viviera. Murió al siguiente día.[1]

¿A dónde acudimos cuando ha pasado el momento de orar? ¿Qué hacemos cuando la persona que amamos ha muerto, cuando nuestro cónyuge se ha marchado y se ha casado con otro, cuando el hijo pródigo ha dicho adiós para siempre? ¿Qué queda cuando el *no* de Dios es eterno?

Hay un vacío en el alma que parece residir permanentemente en donde una vez vivió la esperanza. Es difícil continuar, mucho menos confiar en Dios o ni siquiera hablarle. La cruel expresión «Ya pasó el tiempo de orar», adquiere un significado duro.

La esposa de un ejecutivo hace poco oraba por un amigo para que viniera a la fe en Jesucristo. Un mes antes se le diagnosticó cáncer en la garganta. Sus oraciones terminaron abruptamente cuando saltó del techo de su edificio en la ciudad de Nueva York. Ahora, ¿qué debería decirle a Dios?

Lynn Vandergriff, una ama de casa de Minnesota dice esto: «Mi madre pertenecía a la Ciencia Cristiana. Así fue como me crié. Cuando me convertí a Cristo era adulta, procuré expresarle mi fe a ella. No era fácil ya que distábamos unos 1600 kilómetros, ella estaba en Nueva Jersey y yo en Iowa. Comencé a orar que Dios preparara a mi mamá para que durante mi próximo viaje a casa pudiéramos hablar fácilmente en cuanto a la salva-

---

1   Eric Zorn, «Let Us Pray» [Oremos], *Notre Dame Magazine*, otoño 1995, pp. 44-45.

ción. No salió bien. Quizás fue porque era demasiado novata en mi entendimiento o simplemente porque era su hija. Continué presentándola en oración. Cuando me enteré que tenía cáncer llevé mi petición a la iglesia. Esta vez le oré a Dios para que permitiera que alguien testificara donde yo no podía. Presenté el tema en mi último viaje a casa. Ella se volvió y no comentó nada. ¿Dolor? ¿Temor? No sé.

«Empeoró súbitamente y murió esa semana. Que yo sepa murió sin aceptar a Cristo. No entendí por qué y quizás hice o dije algo malo. Meses después salí llorando durante un sermón acerca del infierno, ya que no quería creer que Dios hubiera permitido que mamá se fuera para allá. Me aferré a la esperanza de que quizás murió reconociendo a Cristo como Salvador, pero jamás sabré con certeza hasta que llegue al cielo».

El dolor es tan poderoso en el relato de una farmacéutica llamada Mary, que dio a luz una niña, Jill, en mayo de 1991. Nacida a los siete meses, Jill sufrió falta de oxígeno al nacer y murió en brazos de su madre cuando solo tenía un día de existencia. «Esto quebrantó mi corazón así como el de mi esposo», dice Mary. «Aunque lamentábamos la muerte de Jill también sabíamos que queríamos otro bebé lo más pronto posible. Al tratar de concebir una vez más nos topamos con problemas inesperados de infertilidad y sufrí un aborto justamente antes de Navidad, tenía tres meses de embarazo. Continué orando por un bebé, oramos de manera obsesiva. Nuestra hija de dos años, Ida, siempre le pedía a Jesús tres infantes, uno para ella, uno para mami y uno para papi. Concebimos de nuevo solo para sufrir otro aborto. Más personas comenzaron a orar por nosotros. Volvimos a concebir, pero también sufrimos otro aborto. Después de tres, fuimos a un especialista.

«Luego de cuatro meses concebimos. Oramos todos los días para que ese embarazo fuera saludable. Muchas personas oraron con nosotros. Cuando tenía dos meses descubrimos que íbamos a tener trillizos. Inmediatamente averiguamos que un embarazo triple es muy arriesgado, el riesgo consta de nacimiento prematuro que resulte en posibles defectos congénitos o la muerte. Decidimos tomar todas las precauciones y orar continuamente. Entramos en la cadena de oración de casi una docena de iglesias y pasé la mayoría de mi embarazo descansando en la cama. Cada día oramos como familia por nuestros bebés. Creímos que ciertamente habíamos pagado "el precio" y que esta vez tendríamos "éxito".

»Descubrimos a los cinco meses que íbamos a tener dos niñas y un niño (justamente lo que Ida había pedido: una niña para ella, una niña para mami y un niño para papi). Los llamamos Anna Elise (por mi mamá, este era el bebé de Ida), Emily Elizabeth y Ethan Alexander.

»El embarazo continuó bien y pude dar a luz a los ocho meses. Varias horas después del nacimiento recibimos la horrible noticias de que Anna tenía un severo defecto congénito en el corazón. La iban a operar a su cuarto día de vida. Una vez más nos pusimos en contacto con todos para que oraran. Oramos. Aunque sobrevivió la cirugía murió en mis brazos cuando tenía solo siete días de nacida. Nosotros también queríamos morirnos. Decírselo a Ida fue un infierno. Mi corazón estaba quebrantado por completo. Me sentí tan abandonada y sola, tan vacía y tan profundamente triste. Mi fe fue estremecida totalmente.

»Tarde, una noche, alimentaba a Ethan y a Emily. Estaba exhausta y me encontré orando: "Jesús, por favor, ayúdame. Estoy tan cansada. Por favor, ayuda a mis bebés para que coman y beban". Cuando me descubrí orando me enojé, me enojé mucho, y pensé: "¡Se acabó! No voy a orar más por mis niños. ¡Dios no escucha! Ha permitido que dos de ellos mueran más tres abortos. Quizás no oré mucho por Jill durante mi embarazo de ella, pero sí oré. Pero con Anna oré por varios años para que fuera concebida, oré constantemente durante mi embarazo y rogué con muchos otros que también se comprometieron a orar. Y Dios dijo *no*. ¡Dejó que se muriera! Ya no puedo confiarle mis niños. Él no se preocupa. Si los teje en el vientre, entonces no está tejiendo bien porque no están saliendo saludables".[2] Estaba muy triste. Temía mucho por mi fe y por la fe de mi niña de cuatro años. Su primera gran oración en la vida, y Dios permite que "su bebé" muera.

»He buscado consejo pastoral, hago lo mejor que puedo para mostrarles una fe viva a mis niños, y recientemente me uní a un estudio bíblico. He procurado seguir mi fe y esperar que regresen a mi vida mis sentimientos de intimidad y amor a Dios. Ya pasaron cuatro años y medio desde la muerte de Jill y dos años de la de Anna, y todavía parece que Dios se mudó para Marte. Procuro esperar pacientemente pero en realidad extraño sentir que Dios me ama y se ocupa de mí y de mis niños. Aceptar su *no* y su amor es difícil».

No hay palabras de consuelo adecuadas cuando se pierde la esperanza, se quebrantan los sueños, se pierden vidas y el *no* de Dios llega a ser permanente. Los que no hemos viajado por el sendero de otros debemos ser muy cuidadosos y no ofrecer respuestas enlatadas y soluciones fáciles. El dolor es real. No entendemos completamente y Dios se ha quedado con muchas de las respuestas que deseamos.

Quizás el consejo del pastor Duane Willis añade poder adicional porque conoce los espantosos sonidos y la vista de sus hijos muriéndose y lo definitivo del *no* de Dios. Dice que «Dios conoce la historia y los momentos desde el principio hasta el fin. Lo que nos sucedió no fue un accidente. Dios jamás se sorprende. Él tenía un propósito para ello, probablemente muchos propósitos. No entendemos la agenda de Dios, como dice Isaías: "Sus caminos no son los nuestros". Le pedimos seguridad y no resultó de esa manera, pero es por la forma en que Dios responde a nuestras oraciones que llegamos a entender cuál es su voluntad para nosotros».[3]

---

2 Referencia al Salmo 139.13: «Guarda tu lengua del mal, y tus labios de hablar engaño».

3 Zorn, *op. cit.*

Finalmente es asunto de confiar. Cuando se han pronunciado todas las oraciones y se han recibido todas las respuestas,
debemos decidir si creeremos que Dios es bueno aunque lloremos por las respuestas que ha enviado. Poner nuestra confianza
en el Señor no es simplemente contar con que nos dé lo que
queremos sino creer que nos ama y se ocupa de nosotros hasta
en el albor de una tragedia. Es la convicción de que Dios sabe
qué es lo mejor y que en el cielo podremos pedirle que explique
qué es lo que no tiene sentido aquí en la tierra. Es la profunda
creencia en que Dios tiene una explicación buena y correcta.

Algunos misioneros trabajaron por años tratando de encontrar una palabra para «confianza» en el nuevo idioma que
descifraban y que registraban por primera vez. Un día, su
ayudante nativo se tiró exhausto en una hamaca, usando una
palabra que indicaba que «estaba colocando todo su peso sobre» esa hamaca. Esa fue la palabra que los misioneros decidieron usar para «confianza» cuando tradujeron la Biblia en ese
idioma.

Confiar en Dios es colocar todo nuestro peso sobre Él. Cuando no entendemos, cuando estamos dolidos, cuando sufrimos
el desengaño, cuando ya no queremos pedir por algo o alguien,
cuando nos sentimos furiosos por el resultado, entonces confiar
en Dios finalmente es tirarse exhaustos sobre Él. Ahí es cuando
la oración vuelve a su significado más puro como *comunión*.
Cuando estamos al otro lado de pedir simplemente venimos a
Dios por quien es y nos conectamos con Él en la expresión más
elemental de la fe.

Hace años escuché el relato de una tragedia espantosa. El
conductor de un ómnibus escolar se quedó parado sobre unos
rieles de ferrocarril cuando venía un tren. Trató infructuosa-
mente de arrancar el ómnibus y sacó a la mayoría de los niños
que pudo antes de que el tren despedazara el vehículo y sus
pequeños viajeros. Hubo una enorme pérdida de vidas incluyendo al conductor y sus propios hijos. Los apenados padres y
las personas de la comunidad descargaron su dolor y su ira en

la viuda del conductor. No solo tuvo que lidiar con la pérdida de su esposo y sus hijos sino que también tuvo que sufrir la culpa que de una u otra manera se le transfirió.

Cuando un amigo, a muchos kilómetros de distancia, escuchó lo que sucedió, envió un profundo pero sencillo telegrama: *Recuerde. Dios es demasiado sabio como para cometer un error y demasiado bondadoso como para hacer algo cruel.* Creo que el telegrama dijo la verdad. Pero eso implica una respuesta necesaria. Es un llamado de vuelta a la clase de fe que pone todo nuestro peso en Dios, convencidos de que su amor es mayor que cualquiera de nuestras experiencias que podrían tentarnos a dudar de Él.

Buen y sabio Dios, a veces no es fácil decir: «Confío en ti». No me diste lo que tanto quería. Cuando estaba tan seguro de que dirías que sí dijiste que no. Cuando aún tenía esperanza se acabó para siempre.

¿Puedes sentir mi dolor? ¿Entiendes lo que trato de decirte? ¿Estás oyéndome? ¿Escucharás y responderás a esta oración?

Ya no tengo más palabras. Deja que mi corazón se comunique con el tuyo. Confiaré en ti lo mejor que pueda. Dame más fe. Pondré todo mi peso sobre ti. Creeré en ti para todo lo que no pueda saber. Interpretaré la vida por quien eres y no por lo que suceda. Confiaré en que me darás nueva esperanza y mayor fe.

Si pierdo todo lo demás, te tendré a ti. Y eres todo lo que necesito.

Gracias, Jesús. Amén.